혐오, 나는 네가 싫어

십대톡톡_04

혐오, 나는 네가 싫어 월간책씨앗 선정, 학교도서관저널 추천, 한국학교사서협회 추천

펴낸날 초판 1쇄 2024년 3월 8일 | 초판 2쇄 2024년 5월 21일

글 한세리 신지현 강지예 | **그림** 송효정 | **감수** 홍성수
편집 이정아 | **디자인** 캠프 | **홍보마케팅** 이귀애 | **관리** 최지은 이민종
펴낸이 최진 | **펴낸곳** 천개의바람 | **등록** 제406-2011-000013호
주소 서울시 영등포구 양평로 157, 1406호
전화 02-6953-5243(영업), 070-4837-0995(편집) | **팩스** 031-622-9413

© 한세리·신지현·강지예, 2024 | **ISBN** 979-11-6573-503-6 43330

십대
톡톡
04

혐오, 나는 네가 싫어

글 한세리 신지현 강지예
그림 송효정
감수 홍성수

천개의바람

우리 사회는 오랫동안 경제 발전만이 우리를 잘 살게 해줄 거라고 믿었습니다. 힘을 가진 사람이 더 많은 힘을 갖는 것을 당연하게 생각했고, 효율적으로 빠르게 적용할 수 있어야 우리가 안전할 것이라고 믿었습니다.

하지만 코로나19를 지나면서 당연한 것이 당연하지 않을 수도 있고, 정상이라 여기며 익숙하게 받아들이던 것들이 뭔가 잘못되었을지도 모르겠다는 생각도 들었습니다. 내 익숙한 생각과 변화된 사회의 모습이 서로 끊임없이 부딪혔기에 '이게 아닌가?', '그럼 뭐가 맞는 거지?' 묻고 확인하고 배워야 했습니다.

배움은 학교 밖 삶의 다양한 영역에서도 필요했습니다. 보이는 사람들이 전부라고 생각했는데, 존재하는데도 발견되지 않는 사람들이 보이기 시작했습니다. 특별한 문제는 없는 줄 알았지만, 가려져 있던 문제들이 있었습니다. 익숙하지는 않지만 분명히 우리 삶에 영향을 미치고 있는 것들이었습니다.

우리가 그동안 잃어버린 것, 놓친 것, 불편하지만 스쳐지나간 것들은 무엇이었을까요? 당연하다고 생각할수록 존재하지만 보이지 않는 것들이 생깁니다. 원래 그렇다고 여길수록 불편하지만 흐린 눈으로 지나가는 것들이 생깁니다. 늘 똑같이 행동하다 보면 근육은 아예 굳어버립니다.

그러니 당연하게 여겼던 익숙한 생각, 표현, 감정들에 대해 틈을 내봤으면 합니다. '당연하지!'가 아니라, '정말 그럴까?'라고 되묻고, '난 안 그래!'가 아니라, '내가 그럴 수도 있지 않을까?'로 되짚어보는 겁니다. '아 몰라!'가 아니라, '이러면 어떨까?'로 넓어지면, 안정적인 생각에 균열이 생기고 단단했던 관점에 틈이 생기면서, 내가 보는 세상이 한층 넓어집니다. 보이지 않던 것들이 보이기 시작합니다. 어쩔 수 없이 변하는 것이 아니라 내 생각이 변하고 주위를 변화시킬 힘이 생깁니다.

직접 본 현상, 경험해 본 세상이 아니면 우리는 알기가 어렵습니다. 그러니 여러분이 지금 하는 것처럼 책을 읽고, 보이지 않았던 이들의 경험을 들여다보고 생각해 보세요. 내 세계를 넓히는 가장 좋은 방법입니다.

차례

1

오늘도 혐오했나요, 혐오당했나요?

2

혐오의 다양한 얼굴

3

혐오를 넘어서

오늘도
혐오했나요,
혐오
당했나요?

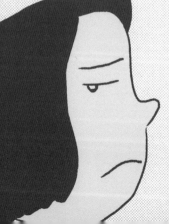

1

혐오,
그게 뭔데?

'혐오'는 듣기만 해도 긴장되고 불편한 말입니다. 나와는 상관없는 말인 것 같아서 낯설고, 혐오당하는 사람들은 뭔가 이유가 있는 것 같아서 불편합니다. 그런 사람들이 내 주위 어딘가에 있다는 것 자체가 나를 불안하게 합니다. 나는 혐오를 할 정도로 나쁘게 살지 않았고, 설사 내가 누군가를 혐오한다면 그 사람이 잘못한 거니까요.

2021년, 경북 대구에서 유학하는 이슬람 학생들이 이슬람 사원을 건축하기 위해 관청에 허가를 받으려고 했습니다. 지역 주민들은 집단으로 반대하는 민원을 냈고, 결국 공사 중지 처분이 내려졌습니다. 법원이 다시 공사를 재개하라고 명령했지만

대구 북구청 앞. '대현동 이슬람 사원 건축 허가 반대 비상대책위원회'가 손
팻말을 들고 있다.

주민들은 완력을 써서 공사 차량 진입을 막았습니다.

　　주택 한복판에 이슬람 사원이 웬 말이냐!

　누구나 자신이 속한 집단에 애정을 갖고 살아갑니다. 또한
비슷한 사람들과 어울려 살아가면서 남과 좀 다른 것 같으면 모
난 돌 정 맞지 않게 얼추 비슷하게 맞춰가는 걸 당연하게 생각
합니다. 그러다 보니 '우리'에 대한 애착이 때로는 '너희'에 대한

비난과 공격으로 연결되기도 합니다.

그런데 '우리'는 어디까지일까요? 우리나라에 체류하는 '외국인 주민'은 2018년 말 200만 명으로, 주민 100명 중 4명에 해당합니다. 대전광역시(151만 명), 광주광역시(149만 명) 인구보다 외국인 주민 인구가 더 많은 셈입니다.▶ 우리나라는 더 이상 한국인들끼리만 살아가는 나라가 아닙니다. 그럼에도 불구하고 우리와 다른 '걔네'는 불편하기만 합니다.

물론 어느 시대, 어느 사회나 혐오는 존재했습니다. 역사적으로 혐오는 사회적, 경제적 위기가 있을 때 더 크게 발생했습니다. 제1차 세계대전에 패배한 독일은 정치적 혼란과 경제적 위기에 맞닥뜨리자 유대인에 대한 혐오가 극에 달했고 대학살을 벌였습니다. 오늘날 재정적 어려움을 겪는 일부 유럽 국가에서는 이주자 혐오, **무슬림** 혐오가 확산되고 있습니다. 미국에서는 취직난과 경제난의 원인을 특정 인종이

✦ **무슬림** 610년 무함마드가 창시한 이슬람교를 믿는 신도를 이르는 말

나 민족, 계층으로 몰아간 정치인이 높은 지지를 받기도 했습니다. 우리나라에서는 코로나19가 확산하면서 중국인에 대한 혐오가 심해졌습니다.

"단체로 몰려다니던 중국인들이 밀었다."

2022년 이태원 참사가 발생했을 때, 외국인이 문제를 일으킨 것처럼 몰아가는 뉴스가 쏟아졌습니다. 특정 인종에 대한 혐오가 담긴 섬네일은 유튜브 채널의 조회 수를 단숨에 올려주었고, 혐오 섞인 말과 표현은 인터넷 유저에게 호응을 얻었습니다. 1인 콘텐츠 제작자들은 더욱 강한 혐오 표현을 끌어냈고, 혐오 표현 여부와 강도에 따라 광고 수익과 별풍선은 달라졌습니다.▶

혐오, 이 감정은 과연 무엇일까요?

'혐오'라는 감정

표준국어대사전에서는 혐오를 '싫어하고 미워함'으로 정의하고 있습니다. 그러나 혐오는 단순한 감정의 문제가 아니라, 어떤 사람을 특정한 속성을 가지고 있거나, 그런 속성을 가진 집단에 속해 있다는 이유로 미워하는 것을 뜻합니다. 자신의 안전을 흔들 수 있는 존재를 밀어내고 경계하고 공격하려는 마음입니다. 심지어 혐오는 소름이 돋거나 구역질이 나는 등 육체적인 반응을 일으키기도 합니다. 실제로 뱀에 물린 적이 없고, 누가 물리는 것을 본 적이 없어도 뱀을 떠올리면 저절로 몸서리치는 이유는 '나도 물릴 수도 있다'라는 두려움이 들기 때문입니다.

화가 아드리안 브라우어의 작품 〈쓴 약The Bitter Potion〉, 극도로 일그러진
표정이 깊은 혐오감을 나타낸다.

혐오는 자신도 모르게 본능적으로 드는 감정입니다. 누구나 다른 누군가를 혐오할 수 있습니다. 나 자신도 예외는 아닙니다. 그러나 '혐오'는 그 자체로 불편합니다. 그래서 우리 속의 불편함이 쿡 찔렸을 때 회피하는 흐린 눈이 튀어나옵니다.

혐오? 아, 몰라. 그런 거 머리 아파.
혐오 같은 거 요새 많이 해결되지 않았나?

너도 나도 어느 누구도 혐오할 수 있으며, 반대로 혐오당할 수 있다고 의심해 보는 과정이 필요합니다. 당연하게 여겼던 자신의 생각과 마주하다 보면 균열이 생기니까요. 자신 안에 숨어 있는 혐오하고 싶은 마음을 들여다보고, 그 마음이 왜 생겼는지, 그 마음을 주로 어떤 사람에게 쏟아부었는지 발견해야 합니다. 혐오는 특정한 누군가가 겪는 현상이 아니라, 바로 우리 모두가 겪는 사회 전체의 문제니까요.

고대 사회에서는 다치거나 병든 사람을 불길하게 여기며 무리에서 쫓아냈습니다. 하늘의 저주를 받았으니 죗값을 치러야 한다며 정당화했습니다. 치료할 방법이 없을뿐더러 병을 퍼뜨릴지도 모른다는 두려움이 컸기 때문입니다. 인류학자 마거릿 미드는 '문명'은 약한 사람과 공존을 모색하면서 시작되었다고 했습니다.

> "문명의 첫 징조는 부러졌다가 다시 붙은 다리뼈입니다. 다리뼈가 부러진 인간은 수많은 짐승들 앞에서 하나의 고 깃덩어리였습니다. 하지만 그 사람이 잡아먹히지 않도록, 뼈가 붙을 때까지 누군가가 돌봐주고 품어주었다는 거죠. 이 자체가 문명의 시작을 의미합니다."▶

'경계'를 침범당할까 봐 두려워요

한 나라의 국경선은 남이 쳐들어오지 못하는 경계이자, 다른 나 라와 구분을 짓는 기준이 됩니다. 모든 사람에게도 이와 같은 '경계'가 있습니다. 한날한시에 태어난 쌍둥이도 성격, 표정, 감 정, 취향이 다르듯이 모두 제각각의 경계가 있습니다. '경계'는 자신과 타인이 다름을 결정짓는 울타리가 됩니다.

그런데 경계를 마주하고 있는 타인이 나와 다른 말과 행동 을 하면 낯설게 느껴집니다. 내가 아는 게 다가 아니라는 걸, 내 가 보는 게 전부가 아니라는 걸 느끼는 순간 두려움이 듭니다.

타인이 내 경계를 침범하고 내 안에 들어와서, 나를 더럽히거나 해치거나, 내 것을 빼앗아갈지 모르니까요.

두려움을 극복하기 위해 타인과 나 사이에 비슷한 것을 찾으려고 합니다. 신학기에 옆자리에 앉은 친구와 얘기하며 공통점을 찾을 때마다 '와! 소오름! 나돈데!'라는 무한 루프를 반복하는 건 생소함과 경계심을 줄이려는 마음 때문입니다. 물론 두려움은 나를 지켜주는 소중한 감정입니다. 위험한 상황에서 안전을 유지하기 위해 경보를 발령하는 거니까요.

청소년기는 자신을 배워가고 알아가는 시기입니다. 부모님이나 가정의 영향으로부터 심리적으로 독립해서 자신의 경계를 만들어나가는 시기이죠. 그래서 '나답다, 나답지 않다'라며 단호하게 말하기 어렵습니다. '누구와 있는가, 어디에 있는가, 무엇을 요구받았는가'와 같이 상황에 따라 다양한 모습이 나타나니까요.

청소년기에 자신의 경계를 만들어나가는 데는 시간이 걸립니다. 경계가 늘 공사 중이니 언제든 침범당할 수 있다고 느껴져 불안하겠죠? 불안하니까 지금 느끼는 '나'를 자신의 전부로 단정 짓고 부랴부랴 경계의 문을 닫아버립니다. 가족 속의 '나'에서 사회 속 '나'로 영역은 넓어졌지만, 친구들이 말해 준 '나', 집에서 내가 보는 '나'를 고집합니다.

"나는 원래 이래. 이게 나야."

다른 사람에 대해서도 마찬가지입니다. 지금 자신의 위치가 불안할수록, 타인이나 상황이 예측이 안 될수록 자신이 알고 있는 내용, 지금 느끼는 감정을 고집합니다. 그래야 낯선 타인이 예측 가능한 범주 안에 있게 되니까요.

"걔 그럴 줄 알았어."
"내가 알아, 걘 원래 그래."

고정 관념을 고집하고 부분적인 사실만을 고수하려 듭니다. 그리고 더 확실하게 타인이 자신을 절대 침범하지 못하도록 타인과 자신의 차이를 아주 크게 벌립니다. 타인은 자신과 완전 다르며, 타인이 자신보다 얼마나 못났는지 강조하죠. 자신이 많은 힘과 능력을 키우기 쉽지 않으니, 대신 자신의 방어막을 높이 쌓아올리고, 타인의 경계 안에 존재하는 가치나 감정은 하찮게 여깁니다.

이렇게 경계 침범에 대한 두려움 때문에 자신을 보호하고 싶은 나머지 타인의 경계를 침투하고 무너뜨리는 것이 '혐오'입니다. 자신을 지킨다는 명분을 앞세워 모두가 쉽게 혐오하기를 선

택한 것입니다.

만만한 네가 문제야!

내가 안전하다고 느끼려면 나를 위협할 수 있거나 내가 불편하
게 생각하는 사람을 끌어내리면 됩니다. 나와 달라서 불편하고
낯선 이들을 인간 이하의 존재로 끌어내려 혐오하면 됩니다. 노
인의 생각이나 마음이 어떤지 잘 모르기 때문에 노인은 불편하

고 낯선 존재입니다. 노인 집단을 대놓고 비난하기는 불편하지만 '틀딱충'이라고 부르며 혐오하면 죄책감은 덜해집니다. 사람이 아니고 '벌레'니까요. 틀딱충이라고 말하면서 낄낄대면 '웃자고 하는 얘기'가 됩니다.

세월호 참사 피해자, 이태원 참사 피해자를 보면 누구나 연민을 느낍니다. 누구에게나 일어날 수 있는 일임을 잘 알고 있으니까요. 그래서 보면 볼수록 불안감이 더해집니다.

나도 당하면 어쩌지?

불안을 해소하기 위해 책임자에게 대처를 요구하기보다 유가족이나 피해자를 탓합니다. 책임자와 달리 유가족이나 피해자는 만만하니까요.

"보기만 해도 불편하니 그만 좀 해."

코로나19와 같이 예상치

시민 사회 단체에서 이태원 참사 진상 규명과 피해자 지원을 위한 기자 회견을 하고 있다.

못한 상황에 너무 많은 변화가 생기면 일상이 주던 안정감을 갖기 어렵습니다. 그래서 불안해진 나머지 혐오가 심해집니다. 혐오의 대상은 매일 새롭게 만들어집니다. 나와 다른 생각을 하는 누군가, 마음에 들지 않는 행동을 하는 누군가, 겉모습이 나와 많이 다른 누군가가 모두 혐오의 대상이 됩니다. 나보다 약한 상대라면 누구나 상관없습니다. 내 안의 불쾌감, 화, 분노, 두려움, 불안 등을 다 모아서 쏟아내면 그만입니다. 이 모든 감정은 혐오라는 이름으로 표현됩니다.

흑사병은 14세기 유럽 전역을 휩쓸며 3년간 약 2천만 명에 가까운 희생자를 냈던 전염병입니다. 이로 인해 불어닥친 재난과 기근은 정말 참혹했습니다. 이런 위기 상황에서 집권 세력은 군중의 불안과 공포를 무마하기 위해 아주 쉬운 전략을 택했습니다. 특정 소수자를 비난의 대상으로 삼은 거죠. 근거와 이유는 중요하지 않습니다. 그저 희생당할 누군가가 필요했을 뿐입니다. 뛰어난 상업 능력으로 부를 누리며 살던 **유대인**이 그 대상이 되었습니다.

유럽에서 유대인은 기독교인이 믿는 예수를 죽인 민족으

✦ **유대인** 히브리어를 사용하고 유대교를 믿으며 세계 각지에 흩어져 살던 민족적, 종교적, 문화적 집단

로 취급받으며, 오랜 세월 직업 선택과 거주지를 제한받았습니다. 일반 직업에 종사할 수 없었던 유대인은 로마 가톨릭 교회

에서 부정하게 여긴 금융업에 종사하여 부를 축적했습니다. 안 그래도 미운데, 돈도 많으니까 시기심이 생겼죠. 어차피 유대인을 공격해도 보호해 줄 국가나 왕은 없었습니다. 그야말로 '만만한' 대상이었습니다.

유대인이 우물에 독을 탔다.

정체 모를 소문이 퍼져나갔고, 수많은 유대인이 학살당했습니다. 두려움이나 증오, 분노 등 부정적인 감정과 힘든 상황을 다른 누군가의 책임으로 돌리면 잠시 마음이 편해집니다. 그래서 책임을 몰아가기 쉬운 '만만한' 상대가 늘 그 대상이 됩니다. 실제로 잘못을 했는지 안 했는지를 밝히는 것은 중요하지 않습니다.

아니꼬우면 출세해라?

우리 학교는 명문대잖아요? 저는 우리 학교 졸업생들이 더 많은 보상을 받아야 한다고 생각해요. 고위 공무원 시험이나 대기업 입사 과정에서 다른 학교 애들보다 더 많은 혜택과 기회를 얻어야 하죠. 다른 애들은 노력하지 않아서 우리 대학에 못 온 거고, 우리는 노력했으니 여기 온

거잖아요. 그러니 더 많은 보상을 받을 자격이 있다고 생각해요.

어느 대학의 학생 커뮤니티에 이런 내용이 올라와 화제가 되었습니다. 자신은 노력해서 소위 명문대에 왔으니, 여기 오지 못했다면 노력하지 않은 거라고 주장합니다. 이 학생의 주장이 맞을까요?

누구나 똑같은 환경에서 경쟁을 시작하지 않습니다. 어려운 환경에서 경쟁에 뛰어든 이도 있고, 다 갖춘 환경에서 경쟁하는 이들도 있습니다. '명문대' 진학은 '노력'만으로 결정되지 않습

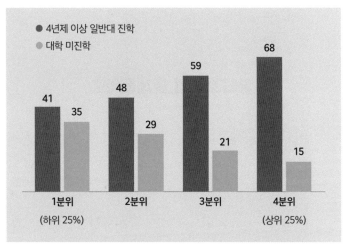

부모 소득이 높을수록 자녀의 대학 진학률도 높았다.(2020년 기준 소득과 학력 상태)

니다. 부모의 재력, 가정 환경, 교우 관계, 출신 학교, 체력, 심지어 운 등 다양한 조건에 좌우됩니다. 그럼에도 불구하고 명문대에 진학한 사람은 그러지 못한 사람보다 훨씬 더 자격이 있을까요? 어느 고등학생이 실습 현장에서 흘리는 땀방울은 책상 앞에서 대학 입시를 준비하는 다른 학생의 땀방울보다 싸구려인가요?

혐오, 힘의 논리

상식적으로 따돌림당하는 애들은 다 그럴 만한 이유가 있어!

우리는 혐오의 대상을 고를 때, '상식'이라는 울타리를 흔히 사용합니다. 그런데 '상식'이라는 건 누구에게나, 항상 옳은 기준일까요? 모두에게 당연한 방식은 거의 없습니다. 내가 어떤 집단에 속했느냐, 내가 어떤 사회에서 살아가느냐에 따라 기준은 달라집니다. 우리는 성별, 나이, 국적, 지역, 건강 상태, 힘, 직업, 돈, 교육 수준 등 복잡한 조건들과 얽혀서 살고 있습니다.

모든 사람이 다 다른 상황과 조건에 놓여 있지만, 특정한 기준에 따라 위치가 나뉩니다. 이렇게 사회 안에서 만들어진 위치를 '계층'이라고 합니다. 그리고 계층이 다른 사람에게 끼치는 힘과 영향력을 '권력'이라고 말합니다. 안타깝게도 계층과 권력에 따라 '더 가치 있는 사람'과 '덜 가치 있는 사람'이 존재합니다.

영향력이 크고 힘이 있는 사람은 자신에게 익숙하고 유리한 방식이 옳다고 강력하게 말할 수 있습니다. 나아가 자신의 방식이 사회 전체의 '상식'이라고 말할 수 있게 됩니다. 이렇게 '권력 있는 사람의 기준'이 '모두의 상식'이 되어갑니다. 권력 있는 사람의 기준이 '정상'이 되고, 이들의 생각이 사회 전체의 보편적인 기준과 약속이 되는 거죠.

누구에게 얼마나 많은 권력을 인정해 줄지는 시대에 따라 집단에 따라 달라집니다. 원래부터 더 많이 가진 사람이 있는 것도 처음부터 더 강한 사람이 있는 것도 아닙니다. 권력을 더 많이 가질 수 있는 '자격'과 '기준'은 계속 만들어지고, 계속 바뀝니다. 결국 힘의 차이도 계속 만들어지고, 계속 바뀝니다. 그런데도 서로 다른 차이가 우월함의 '기준'이 되고, 무시해도 되는 '자격'이 되고, 군림과 폭력의 '이유'가 됩니다.

극혐인 애들은
다 이유가 있다?

◇◇◇◇◇◇◇◇◇◇◇◇◇◇◇◇◇◇◇◇◇◇◇◇

청소년기에 자신의 보호막을 단단하게 만들고 힘을 키우기 위해 가장 쉽게 택하는 방식은 '우리'가 되는 것입니다. 집단에 들어가면 개인일 때보다 훨씬 힘이 강해지니까요. 집단의 경계 안에서 안정감을 느끼며 집단의 정체성에서 자신의 가치를 발견하려 합니다. 누군가 특이하고 이상해 보인다면, 그 사람은 억울하게 지적당하거나 미움을 받아도 항의할 힘이 없는, 권력이 없는 위치에 있다는 의미일 수도 있습니다.

"우리 반 다 안 그러는데, 쟤만 이상해."

'우리' 반에서 제일 다르거나 낯선 아이가 왕따의 대상이 됩니다. 모두가 그 아이를 이상하다고 느끼지 않더라도 따라서 왕따를 시킵니다. 외모, 억양, 부모, 친구, 옷차림, 출신 등 소소한 차이가 괴롭힘의 원인이 됩니다. 왕따를 당한 아이가 사회성이 부족하거나 고쳐야 하는 뭔가가 있는 게 아닙니다. 누구에게나 있는 '차이'일 뿐, 왕따당할 만한 이유는 없습니다. 그저 더 힘이 있는 이들의 기준에서만 본 불합리한 이유들입니다.

성적이 좋아서, 성적이 나빠서, 옷을 튀게 입어서,
못생겨서, 누나가 장애인이라서, 뚱뚱해서,
괴롭히는 맛이 있어서, 장난으로, 그냥, 재미로

왕따당할 '만한' 사람이 있는 게 아니라, 자신의 화를 터트려도 되는 '만만한' 사람이 있을 뿐입니다. 누구든 왕따시킬 수 있고, 누구든 왕따당할 수 있습니다. 그러니 질문이 필요합니다.

"정말 이상한 걸까?"

그제야 비로소 힘의 차이를 발견하게 됩니다. 자신에게도 상대를 미워하거나 밀어낼 수 있는 힘이 있다는 사실을요. 우리는 자신이 정한 기준을 '당연'하게 여기며 누군가를 차별할 만한 이유가 있다고 착각합니다. 그러니 누군가가 이상하다, 불편하다, 따돌림당할 만하다 싶거든 스스로를 들여다봐야 합니다. 꿀꺽 삼켜버리기 전에 생각들을 곱씹어 봐야 합니다.

'이 사람은 무엇 때문에 비난받는 거지?'
'비난받는 이유가 정말 당연한 걸까?'

생각해 봐!

이 사람은 무엇 때문에 비난받는 거지?

비난받는 이유가 정말 당연한 걸까?

누구에게나 당연히
웃긴 건 없다

◇◇◇◇◇◇◇◇◇◇◇◇◇◇

진지충, 결정 장애는 누군가를 다소 아쉬운, 부족한, 약한, 서툰, 특이한 사람으로 표현하는 말입니다. 빨리빨리 결정을 내리는 이들을 '기준'으로 삼았기 때문이죠. 결정이 빠른 사람들은 인정받고 그렇지 않은 사람들은 쉽게 놀림당합니다.

집단 사이에서 발생하는 혐오 표현은 대체로 웃음 포인트로

희석되곤 합니다. 혐오 표현은 불편하고, 누구나 하면 안 된다고 생각하기에 대놓고 하지는 않으니까요. 유머와 웃음으로 포장하면 그 가벼움 때문에 목소리를 내기 어렵습니다. 웃자고 한 얘기에 죽자고 달려들 수는 없는 노릇이니까요. 그러나 혐오라는 본질은 선명하게 살아서 마음 깊은 곳에 찝찝함, 불편함, 상처를 남깁니다.

누구에게나, 언제나, 당연히 웃긴 건 없습니다. 그러니 곰곰이 들여다보며 질문해 봅시다.

누가 웃는가, 누구를 보며 웃는가?

혐오와 혐오 표현은 다르다

국가인권위원회는 혐오 표현을 이렇게 설명합니다.

성별, 장애, 종교, 나이, 출신 지역, 인종, 성적 지향 등을 이유로 어떤 개인/집단에게 1) 모욕, 비하, 멸시, 위협 또는 2) 차별·폭력의 선전과 선동을 함으로써 차별을 정당화·조장·강화하는 효과를 갖는 표현

혐오 표현은 다른 욕설이나 나쁜 말과는 다릅니다. 혐오 표현은 '차별을 정당화·조장·강화하는 효과'를 갖는다는 점이 중요합니다. 교실에서 떠드는 반 아이에게 '난 네가 교실에서 떠들면 너무 힘들어!'라고 말하면 자신의 싫은 감정을 표현하는 것이지만, ADHD 학습자에게 '너 같은 애들은 남한테 피해만 끼쳐'라고 말하면 차별을 정당화하는 혐오 표현이라고 할 수 있습니다. 일부 집단에 대해 부정적인 고정 관념을 공개적으로 표현하면, 누가 말했든 어떤 의도로 말했든 정신적 고통을 줍니다.

"60kg 넘는 게 여자냐?"
"동남아 사람들은 다 게을러."
"유모차까지 끌고 나올 거면 집에 있든가."

재밌자고 한 얘기일 수도 있고, 아무 생각 없이 한 얘기일 수도 있습니다. 하지만 누군가는 이런 표현을 들으면 위축되거나 눈치를 보게 됩니다.

우리는 일상에서 흔하게 혐오 표현을 듣거나 말합니다. 특히 자신의 생각과 감정을 고민 없이 즉시 전달하기 쉬운 온라인에서는 더 흔합니다. 말하는 대상이 눈앞에 있는 건 아니니 비난하기도 쉽고, 상대의 반응에 따라 자신의 행동과 표현을 조절할 필요도 없으니까요.

온라인에서 정보와 자료를 얻으면 편협한 정보에 갇힐 수 있습니다. 정보의 옳고 그름을 따지기보다 사용자의 관심사에 맞춘 내용이 계속 눈에 띄도록 설계되었기 때문입니다. 온라인에서는 다른 생각을 가진 이들을 만나고 의견을 접할 기회가 점점 줄어듭니다. 그러다 보면 나와 의견이 다른 사람과 말 섞는 것이 더 불편하고 불쾌해집니다. 낯선 이들에게 느끼는 불편함과 긴장감이 실제보다 훨씬 더 크게 느껴지죠. 결국 다양한 특징을 지니고 있는 이들이 공존하기 어려운 사회 분위기를 만듭니다.

내 잘못인 걸까?

주형이 이야기

나는 ADHD가 있어요. 이런 나를 불편해하거나 싫어하는 친구들이 많아요. 교실에서 뛰거나 소리를 질러서 친구들 사이에서 기피 대상 1호가 되었어요. 친구들과 친하게 지내고 싶지만 친구들은 나를 피할 때가 많아요. 내가 교실에서 산만하게 굴면 친구들은 괴롭대요. 사실은 나도 교실에서 가만히 있고

ADHD(주의력 결핍 및 과잉 행동 장애)는 주의 산만, 과다 활동, 충동성, 학습 장애를 보이는 질환이다.

싶어요. 하지만 내 몸은 마음과 다르게 움직여요.

나는 소리에 민감하고, 시각도 예민해요. 의사 선생님은 내가 다른 사람보다 더 예민해서 ADHD가 생기는 거래요. 나도 다른 친구들처럼

얌전히 앉아 있고 싶어요. 하지만 여러 가지 쏟아지는 자극 때문에 가만히 앉아 있을 수가 없어요. ADHD는 그런 병이에요. 그래서 나는 선생님께 매일 야단을 맞아요. 다른 친구들은 나를 한심하게 쳐다보고 피해요. 내가 일부러 돌아다닌다고 생각해요. 나도 선생님께 야단맞을 때 속상해요. 나도 내가 한심해요. 왜 나는 내 맘대로 나를 관리할 수 없을까요? 일부러 그러는 게 아닌데, 친구들이 나를 미워하거나 선생님께 야단맞으면 속상해요. 그래서 더 화를 내기도 해요. 나는 사랑을 받기보단 미움을 받아요. 내가 움직이면 친구들이 피하기 때문에 화가 나기도 해요. 나는 앞으로도 사랑받기 힘들 것 같아요.

혁진이 이야기

안녕 나는 혁진이야. 나는 중국에서 태어났어. 아빠, 엄마는 중국분이야. 나는 초등학교 2학년 때 한국에서 일하고 계신 부모님을 따라 한국에 왔어. 지금은 은별중학교 1학년이야. 우리 집에선 중국어로 말해서 한국말 배우는 게 너무 어려워.

한국에 와서 처음 학교에 갔을 때 친구들 말을 알아들을 수 없어서 무서웠어. 마치 내가 밀림에 혼자 남겨진 것 같았지. 밀림에 혼자 있다는 건 무척 끔찍한 일이야. 무서운 동물이나 곤충이 언제 나올지 모르니까. 학교에 가면 온통 모르는 말만 들렸어. 친구들과 선생님은 온통 알아들을 수 없는 이야기를 했지. 나는 학교가 무서웠고 친구들이 내게 다가오면 깜짝 놀라기도 했어.

여성가족부 '2023년 청소년 통계' 자료에 따르면 우리나라 초중고 다문화 학생 수는 16만 9천 명으로 전체 학생의 3.2%를 차지한다.

사람들은 대체로 평등을 지향하고 혐오에 반대합니다. 그래서 많은 이들은 이렇게 말합니다.

"나는 혐오 표현을 들으면 불편해져. 나는 혐오하는 게 옳지 않다고 생각해."

하지만 특권적 위치에 서면 자신의 상식이 사회 전체의 기준이라고 생각하고, 다른 사람의 감정은 '특이'하거나 '덜 중요한' 것이라고 여겨 쉽게 누군가를 '비정상'이라고 말할 수 있게 됩니다.

혐오의
다양한
얼굴

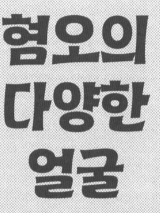

2

자기 혐오

누구에게나 타고난 두 가지 마음이 있습니다. 하나는 누가 보지 않아도 규칙을 지키려는 도덕적인 목소리입니다. 여기에는 공부를 잘하고 싶어 하는 마음도 포함됩니다. 꼭 공부가 아니어도 지금보다 더 좋은 모습으로 변하기 위해, 열심히 노력하려는 마음입니다.

이와는 달리 놀고 싶고, 마음껏 살고 싶어 하는 또 하나의 마음이 있습니다. 규칙 따위 무시하고 내 마음대로 쾌락을 즐기며 살고 싶어 하는 마음입니다. 어떤 마음의 힘이 더 센지에 따라 공부를 더 좋아하는 친구도 있고, 규칙대로 따르기보다는 하고 싶은 대로 하는 것을 더 좋아하는 친구도 있습니다. 건강한 사

람은 이 두 마음이 조화를 이루어서 공부를 해야 할 때는 집중해서 하고, 휴식이 필요한 때는 쉴 수 있습니다.

규칙을 지키고 싶은 동기가 무척 강한 친구들의 마음 안에서는 당위적인 목소리가 강합니다.

'당연히 공부는 해야지.'
'할 거면 제대로 잘 해내야 해.'

부모님의 영향을 받았을 수도 있고, 스스로 잘하고 싶은 마음이 무척 큰 것일 수도 있습니다. 이 생각의 틀이 강할수록 쉬고 싶고, 놀고 싶은 자신의 마음은 존중하기 어려워집니다. 지쳐서 쉬어야 할 상황에도 자신을 한심하게 여기기에 쉬기를 허락하지 않습니다.

'어휴, 한심해. 이 정도도 못 참다니, 쓸모없는 사람이야.'

놀고 싶어 하는 마음을 바라보는 게 괴롭습니다. 게으르고 한심한 사람처럼 보이니까요. 자신을 한심하게 여기고, 그런 취급을 받아도 싸다고 생각하죠. 공부뿐 아니라 다양한 부분에서 높은 기준을 세우고 통과하지 못하는 스스로를 너그럽게 바라

볼 수 없기에 자신을 무척 혐오하게 됩니다. 만약 자신이 완벽하게 공부를 해낸다면 자신을 사랑할 수 있게 될까요?

내가 나를 혐오한다고?

자기 혐오는 언제나 잘 해내는 이상적인 자신을 만들어내어 끊임없이 자신을 채찍질하고, 쉬어야 할 때조차도 쉬지 못하게 합니다. 결국 무기력한 상태가 되어버려 진짜 열심히 해야 할 때 힘을 낼 수 없게 만듭니다. 자기 혐오가 생겼다면 먼저 자신의 상태를 지그시 들여다봐야 합니다.

'왜 이렇게 쉬고 싶고, 놀고 싶은 거지?'

자신의 진심과 욕구는 무엇인지 생각하며 자신의 몸이 피곤한 건 아닌지, 과하게 공부만 해서 지친 건 아닌지 생각해 봐야 합니다. 자신이 지쳤는데도 부모님이 공부하라고 한다면 무척 화가 나겠죠. 마찬가지로 내가 나에게 공부하라고 밀어붙이는 건 나를 가혹하게 대하는 일입니다.

'제대로 할 일 다 해내고 싶은데, 오늘따라 맘대로 안 되네.'

스스로를 돌보고 이해할 때에야 비로소 자신이 꿈꾸는 모습으로 이끄는 '동기'가 생깁니다. 또한 실망스러운 모습을 보이는 친구들의 마음도 들여다볼 수 있는 여유가 생깁니다. 자신을 사랑하고 받아들일 수 있을 때 비로소 타인도 있는 그대로 인정하고 존중할 수 있게 되니까요.

스스로를 파괴하는
자책

자기 혐오라는 감옥에서 벗어나기 위해 중요한 것은 자기감정과 상태를 제대로 '표현'하는 것입니다. 사람이라면 누구나 감정과 생각이 있지만 정확하게 제대로 표현하려면 연습이 필요합니다. 마치 언어를 배울 때처럼 말이죠.

가끔은 주변 사람들에게 비난을 받을까 봐 자기감정을 솔직하게 표현하기 어렵습니다. 차라리 자기 자신을 혐오하기가 더 쉽습니다. 다음은 현주 이야기입니다.

현주는 잘 웃어요. 반 아이들을 대할 때도 착해요. 하지만 현주에겐 치명적인 단점이 있어요. 거의 매일 같은 옷만 입는다는 거예요. 심지어 한여름에 긴팔을 입고 올 때도 있어요.

현주는 옷이 없나 봐요. 아이들은 매일 같은 옷을 입고 오는 현주한테서 냄새가 난다며 피하거나 놀려요.

현주는 바보 같아요. 아이들이 놀리거나 깔봐도 웃으며 넘어갈 때가 많아요. 괴롭히는데도 무표정하게 지나가요. 하지만 사실 현주는 놀림을 받는 동안 죽고 싶었대요.

현주 엄마는 중증 장애가 있어서 현주를 안정적으로 돌보거나 생활비를 벌기 어렵습니다. 현주 아빠는 현주가 어렸을 때 집을 나가서 연락이 안 됩니다. 어려운 형편 때문에 현주는 여러 벌의 옷을 가질 수 없습니다. 현주가 늘 같은 옷을 입는 것은 현주가 더럽거나 게을러서가 아닙니다. 현주가 문제가 아니라, 환경이 문제입니다. 현주에게는 비난이 아닌 도움이 필요합니다.

반 아이들이 괴롭히는 상황에서 현주는 자신의 안전이 무너지는 데 화를 내는 게 마땅합니다. 하지만 현주는 이러한 감정을 표현하기 어렵습니다. 어릴 때부터 현주의 감정에 귀 기울이는 사람이 없었고, 지금 교실에서도 현주의 감정을 그대로 받아주고 존중해 주지 않으니까요. 감정을 배척당한 경험이 많은 현주는 더욱 자신의 감정을 표현하기가 어렵습니다. 현주는 점점 무기력해집니다.

만약 현주가 아이들의 괴롭힘에 화를 낸다면 어떨까요? 오히려 적반하장이라며 비난을 들을 수도 있습니다.

"뭘 그렇게 예민하게 굴어?"
"그냥 장난친 거잖아."
"너한테서 냄새나니까 그렇지."

현주는 자신이 느끼는 감정을 그대로 표현할 수 없는, 힘이 약한 위치에 있습니다. 그러니 자신의 진짜 마음을 솔직하게 표현하기보다 친구들이 좋아하고 인정해 줄 수 있는 반응을 보입니다. 친구들의 말에 웃어버리거나 무표정하게 반응하는 거죠. 현주가 이런 반응을 보이는 이유는 친구들과 잘 지내고 싶은 마음이 있기 때문입니다. 현주 역시 친구들에게 착하다고 인정받고 싶습니다. 그래서 현주는 속상해도 화를 낼 수 없습니다. 오히려 친구들에게 인정받지 못하고 놀림받는 자기 자신을 탓하며 혐오하게 됩니다. 제대로 옷을 챙겨 입지 못하는 자신이 문제라며 자책합니다. 놀림을 받는 스스로를 비난합니다.

'냄새나는 내가 문제야.'

자책은 스스로 문제 있는 사람이라며 야단치는 마음입니다.

자책이 심해지면 자신을 쓸모없는 사람으로 치부하며 한심하게 여깁니다. 자신의 문제점만을 보며 자신을 끊임없이 야단치고 괴롭힙니다. 혹은 자해를 하는 사람도 있습니다. 자신이 나쁜 짓을 했고, 자신이 문제이니 자신을 때려주는 거죠. 잘못된 자책은 스스로를 파괴합니다.

자기 혐오를 멈추려면

현주는 왕따당한 자신이 얼마나 힘들고 아픈지 자신을 이해할 시간이 필요합니다. 그리고 자신이 정당하게 화를 내도 괜찮다는 걸 배울 기회가 필요합니다. 자신이 얼마나 외로운지 감정과 느낌을 제대로 표현해야 합니다.

"내가 옷을 자주 갈아입지 못하는 건 내 잘못이 아니야. 비난받는 게 너무 힘들고 외로워."

현주를 따돌리는 같은 반 아이들도 자기 감정과 생각을 제대로 표현하는 걸 배워야 합니다. 더운 날씨에도 매번 같은 옷을 입는 사람을 보면 그 사람 때문에 자신이 더러워질까 봐, 자신의 안전과 건강을 해칠까 봐 불편한 마음이 생길 수 있습니다.

자신의 상식 안에서는 매일 옷을 갈아입는 것이 당연하니까요. 그래서 그 사람에게 화가 납니다. 부정적인 감정, 불편한 마음은 자신을 지키려는 당연한 반응입니다.

하지만 규칙과 도덕을 중시하는 우리의 도덕적 목소리는 말합니다.

남을 미워하면 나쁜 거야. 불편하다고 표현하는 건 좋지 않아.

불편하고 불쾌한 느낌을 갖는 것 자체로 죄책감을 갖습니다. 그래서 현주를 불편하게 생각하는 자신이 나쁜 사람이라는 생각도 듭니다. 이러면 안 되는데, 나는 왜 이러는 걸까 거듭 불편한 마음이 듭니다. 화내면 나쁜 사람이 되고, 울면 크리스마스에 선물을 못 받는다고 말하는 분위기에서 남을 향한 불편한 마음, 부정적인 감정을 표현하는 것은 자체가 민폐이고, 남을 배려하지 않는 태도로 치부되었습니다. 불편하고 화가 나더라도 그 화를 '제대로' 표현하는 방법을 배우지 못한 거죠. 그래서 불편한 감정을 은근히 따돌리거나 혐오하는 방식으로 표현하게 됩니다.

그러니 자신이 지금 어떤 진심을 갖고 있고, 사실은 어떤 생각을 하고 있는지 가만히 들여다보며 자신을 이해하고, 자신의 진심과 생각을 표현하는 연습을 해야 합니다.

> "나는 네가 싫은 게 아니라 네가 옷을 갈아입지 않는 게 불편한 거야."

너와 나의 감정과 생각을 인정하고 이해하는 것은 각자의 경계를 존중하는 것입니다. 각자의 경계를 인정하고 받아들이는 것은 경계 안에 있는 욕구를 이해하는 것입니다. 부정적인 감정도 받아들여지는 경험은 각자의 경계가 발전하도록 도와줍니다. 이런 경험은 부정적인 감정을 느낄 때 자신과 남을 찌르기보다 다른 사람의 상황을 이해하고 도울 수 있는 방법을 찾을 수 있는 여유를 만들어줍니다.

나는 나, 너는 너

누구나 친구들 사이에서 인정받고 싶습니다. 또래 친구들과 다르게 말하고, 다르게 행동하는 건 두려운 일입니다. 무리로부터 떨어져 있으면 어마어마한 두려움과 불안감이 밀려듭니다. 급식을 먹을 때, 화장실을 갈 때, 딱 붙어서 같이 가는 친구가 없다면 외롭고 마음이 불편합니다. 그래서 껌딱지처럼 붙어 다니는 '패밀리'가 생깁니다.

자신과 다른 아이를 보면 불편하고, 자신에게도 저런 모습이 있는 게 아닐까 싶어 불안합니다. 내가 '쟤' 같을 리가 없다는 걸 확인해야 안심이 됩니다. 하지만 사람들은 저마다 느끼는 것도, 생각하는 것도, 반응하는 방식도, 표현하는 방식도 다릅니다. 그러니 너와 나의 경계를 침범하지 않으려는 마음이 중요합니다.

나는 나고, 너는 너야!

매정하고 차갑게 느껴지나요? 서로 벽을 세우자는 게 아니라 서로 다른 사람이라는 걸 받아들이고 이해하자는 겁니다. 자신의 기준과는 다르게 상대가 행동한다고 해도 받아들이는 것을 의미합니다. 상대방이 마음 상하거나 화낼까 봐 자신의 진심도 아닌데 아무렇지 않은 척할 필요는 없습니다. 또한 자신의 감정과 욕구를 너그럽게 인정한다고 해서 자신의 욕구와 기준대로 상대방이 행동해 주기를 요구할 수는 없습니다. 이런 행동은 상대의 경계를 침범하는 것입니다. 서로가 침범당할까 봐 경계하지 않고도 서로의 경험과 세계를 인정할 수 있어야 합니다. 껌딱지가 아닌 '키링'처럼 말이죠.

있는 그대로의 '나'

어두운 길을 걷다가
빛나는 별 하나 없다고
슬퍼하지 말아라

가장 빛나는 별은 아직
도달하지 않았다

한강 다리에 새겨진 자살 방지 슬로건

구름 때문이 아니다
불운 때문이 아니다

지금까지 네가 본 별들은
수억 광년 전에 출발한 빛

길 없는 어둠을 걷다가
별의 지도마저 없다고

주저앉지 말아라

가장 빛나는 별은 지금
간절하게 길을 찾는 너에게로
빛의 속도로 달려오고 있으니
-박노해, 〈별은 너에게로〉▶

자랑스러운 내가 아닌, 크고 작은 약점이 많은 나 자신을 들여다보는
건 몹시 불편하고 괴로운 일입니다. 나에 대해 경직된 기준과 잣대를
들이밀면 불편함, 불안감, 실망감, 분노가 계속 뭉쳐서 자기 혐오라는 더
거대한 감정으로 번져갑니다.
나에 대해 끊임없이 판결을 내리는 재판관처럼 굴기보다 내 감정과 상태,
생각, 모습에 대해 고개를 끄덕여 주세요. 그렇게 내 약점도, 내 강점도
직면하고 인정할 때 다른 사람의 약점도 품고, 강점도 배울 수 있습니다.
우리는 존재 자체로 이미 자격을 얻은 존재입니다.

능력 혐오

공부를 잘하면 사람들의 인정을 받습니다. 공부는 '성공'의 조건으로 여겨집니다. 언제부터 공부가 계층과 권력을 결정하는 기준이 된 걸까요?

역사적으로 권력을 결정하는 중요한 기준은 개인이 바꿀 수 없었습니다. 부모가 누구인가, 어떤 피부색을 가졌는가, 성별이 무엇인가 등 한 사람의 사회적 위치는 '하늘'이 정하는 거라고 믿었던 시대가 아주 길었습니다. '송충이는 솔잎을 먹어야 한다'는 속담에는 나면서부터 정해진 위치 그대로 사는 것이 세상의 질서라는 믿음이 담겨 있습니다. 노예와 노비, 일반 백성들은 자신의 삶을 결정할 권리가 없었습니다.

하지만 시대가 바뀌면서 과거에 믿고 따르던 신념과 가치는 여러 역사적인 사건들을 경험하면서 크게 바뀌었습니다. 사람들은 얼마든지 위치와 권력이 바뀔 수 있다는 것을 경험했고, 스스로 변화를 만들어낼 수 있는 가능성이 있음을 알게 되었습니다. 가난한 대장장이의 아들 '마이클 패러데이'는 과학 연구에 대한 열정과 재능 덕분에 전자기학 분야에서 위대한 업적을 남겼습니다. 몰락한 집안에서 태어난 '미켈란젤로'는 어마어마한 노력과 재능으로 부와 명예를 얻었습니다. 사람들은 이제 교육이 삶의 지위와 조건까지 바꿀 수 있는 힘이 있음을 알게 되었습니다. 누구나 배울 수 있고, 자신이 원하는 지위를 얻기 위해 노력할 수 있음을 알게 되었습니다. 모두가 외쳤습니다.

배워서 남 주나!

어디에서 누구에게 배웠는지도 권력을 결정하는 중요한 통로가 되었습니다. 공부를 중심으로 만들어진 **학연**이 신분 질서만큼이나 중요한 관문이 된 거죠. 조선 시대와 개화기, 일제 강점기, 근대화를 거치면서 높은 신분과 권력을 향한 경쟁이 치열해졌고 같은 학연을 가진 사람들끼리 유대 관계를 맺으며 자신의 이익을 적극

✦**학연** 출신 학교에 따라 연결된 인연

적으로 키워냈습니다.

　우리는 왜 학교를 다닐까요? 여러 이유가 있겠지만 교육이 자신의 위치와 권력을 결정하는 가장 믿음직한 기준이라고 믿기 때문이기도 합니다. 학교는 교육을 통해 무엇을 얻었는지 평가하는 가장 신뢰받는 기관입니다. 개인의 능력이 어느 정도인지, 배워야 할 것을 제대로 배웠는지 측정하기 위해 '시험'이라는 도구를 사용합니다. 공부를 많이 했다는 것은 그만큼 시험에 합격하거나 좋은 성적을 받을 가능성이 높다는 의미입니다. 시험 성적이 높거나 시험에 통과한 사람은 그렇지 않은 사람보다 능력이 높으니, 높은 소득과 사회적 지위를 가질 자격이 있다고 봅니다. 공부해서 얻게 된 결과가 개인의 능력과 노력으로 만들어진 가장 믿을 만한 자격이라고 생각하는 거죠. 그래서 다들 더 많은 자격증, 더 좋은 학교, 더 어려운 시험에 매달립니다.

출발선이 다른데요?

사람들은 자신이 더 나은 사람이라고 느끼기 위해 교육 수준이 낮거나, 손에 쥔 것이 적은 이들을 무시하고 배척합니다. 실제로 자신이 어떤 걸 손에 쥐고 있는지, 자신이 얼마나 노력했는지는 상관없습니다. '수준 낮은, 못 배운, 노력하지 않은 저들'과는 다르다는 우월감이면 충분합니다. '공부 안 하면 너도 저렇게 된다'는 말에는 공부를 잘해야 훌륭한 사람이 된다는 사회적 동의가 담겨 있습니다. 동시에 '공부만 잘하면, 너는 저렇게는 안 될 거야!'라는 의미로 학력과 학벌에 기반한 혐오가 발생합니다. '학력'은 학교를 얼마나 오래 다녔는지를 의미하고, '학벌'은 어느 학교를 나왔는지를 의미합니다. 고등학교까지 다녔는지, 대학교까지 다녔는지 따지는 것은 학력이고, 소위 SKY를 나왔는지 따지는 것은 학벌입니다.

공부 안 하고 뭐 했어?
그래 봤자 공돌이 공순이지.

사회가 불안하고 위기감에 휩싸일수록 학력과 학벌을 기준으로 발생하는 혐오는 정당성을 얻습니다.

그런데 정말 공부해서 얻게 된 결과가 개인의 능력과 노력만으로 만들어지는 걸까요? 여기 두 아이가 있습니다. 이 아이들은 서로 다른 환경에 놓여 있습니다. 작은 차이들이 쌓여서 어떤 결과를 낳는지 살펴볼까요?

부유한 진혁이네 집은 밝고 깨끗합니다. 책도 많고 음식도 풍족합니다. 가난한 민영이네 집은 비좁고 지저분합니다. 이런

진혁이와 민영이

Hi, teacher!

Hi! Jinhyuk.

할머니, 알바 다녀왔어요. 이것 좀 드세요.

이 차이를 능력과 노력만으로 좁힐 수 있을까?

환경 탓에 민영이는 자주 아파서 학교를 빠질 때가 많습니다. 진혁이 부모님은 진혁이의 공부 환경에 관심이 많으며, 학습에 필요한 걸 미리 준비해 줍니다. 민영이 부모님은 민영이에게 학교 성적은 크게 신경쓰지 않아도 된다고 말합니다. 진혁이는 선물 받은 카메라로 사진 찍는 데 취미가 붙어 사진 동아리를 만들었습니다. 동아리 운영 경험을 살려 대입 자기소개서를 작성할 예정입니다. 민영이는 과학 동아리 활동이 너무 재미있지만, 아픈 할머니를 돌보고 알바도 하느라 그만두어야 했습니다.

대학에 진학한 진혁이는 친구들과 스터디를 하며 대기업 취업을 준비했습니다. 국비가 지원되는 특성화 고등학교를 나온 민영이는 취업을 준비했습니다. 대기업에 합격한 진혁이는 '노력은 배신하지 않는 법'이라며 후배들을 향해 졸업 연설을 했습

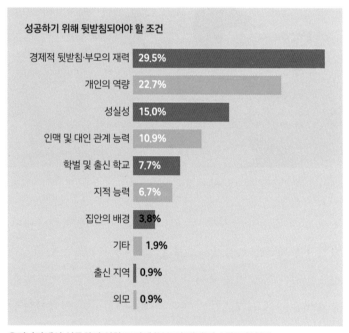

성공하기 위해 뒷받침되어야 할 조건

경제적 뒷받침·부모의 재력	29.5%
개인의 역량	22.7%
성실성	15.0%
인맥 및 대인 관계 능력	10.9%
학벌 및 출신 학교	7.7%
지적 능력	6.7%
집안의 배경	3.8%
기타	1.9%
출신 지역	0.9%
외모	0.9%

우리나라에서 성공하기 위한 조건에 '부모의 재력'이 1위로 꼽혔다.

니다. 비정규직을 얻은 민영이는 계약 기간이 만료되면 다시 일자리를 얻어야 하는 자신의 상황이 두렵습니다.

과연 민영이는 노력하지 않아서 진혁이와 같은 성과를 얻지 못한 걸까요? 진혁이의 성과는 오롯이 본인의 노력과 능력의 대가일까요? 개인의 교육과 학력에서 발생하는 격차는 개인의 노력과 능력뿐만 아니라 실질적인 출발선이 달라서 생길 수도 있습니다. 노력이나 능력조차도 스스로 얻었다고 말하기 어렵습니다. 환경과 상황에 따라 만들어진 것이니까요.

1등은 누구?

해마다 치르는 대학수학능력시험은 대학 진학을 결정하는 중요한 시험입니다. 점수가 높으면 공부뿐만 아니라 다른 영역에서도 능력을 발휘할 거라고 기대합니다. 반면 점수가 낮은 학생은 중고등학교 때 노력하지 않은 사람으로 평가되어 능력을 발휘할 기회를 얻기 어렵습니다. 대학 졸업 이후 직업을 획득하는 과정에서 치르는 시험들도 마찬가지입니다. 임용고시에 합격하지 않았다는 것은 가르치는 능력이 떨어진다는 의미일까요? 고등학교를 마치며 치르는 수학능력시험 점수가 낮으면 평생 노력해도 좁히기 어려운 격차가 생겨도 되는 걸까요?

영어를 모국어로 사용하는 외국인 대학생 열두 명에게 2015학년도 수능 외국어(영어) 영역에서 오답률이 높은 세 문제를 풀게 했습니다. 어떤 결과가 나왔을까요? 세 문제를 모두 다 맞힌 외국인은 열두 명 중 딱 한 명뿐이었습니다. 심지어 한 문제도 못 맞힌 외국인도 다섯 명이나 있었습니다. 그런데 우리나라 수험생들은 열 명 중 약 여섯 명이 정답을 다 맞혔습니다. EBS 수능 문제집에 출제된 문제였거든요.

그럼 외국어가 아닌 언어 영역(국어)은 어떨까요? 최승호 시인이 쓴 〈아마존 수족관〉이라는 시가 수능 모의고사에 출제되었습니다. 수능에 익숙한 수험생들은 대부분 한 문제 이상은 맞혔습니다. 하지만 최승호 시인은 한 문제도 맞히지 못했습니다.▶

중요한 지식의 종류와 내용은 아주 빠르게 바뀌고, 능력이 뛰어난 사람을 결정하는 기준 또한 점점 다양해지고 있습니다. 그런데도 특정 시기에 치른 특정 시험 성적에 따라 평생 좁히기 힘든 격차가 생겨도 되는 걸까요?

대학수학능력시험이나 입사 시험과 같은 책상 앞 시험 공부만을 공정한 노력으로 여긴다면, 노동 현장에서 성실히 일하며 경력을 쌓거나 실무 능력을 키우기 위해 자격증을 따는 노력은 인정받기 어렵습니다. 전문계 고등학교 졸업 후 직장에서 7년

간 일한 사람의 급여가 전공 4년제 대학을 졸업한 사람보다 낮고 시간이 지나면서 그 차이는 점점 심해집니다.▶ 누가 1등이고, 누가 인재인가요?

그럼 공부가
필요없다는 건가요?

물론 공부는 단순히 다른 사람들보다 높은 지위를 얻기 위해 필요한 것만은 아닙니다. 공부를 통해 우리는 살아가면서 필요한 지식을 얻고 기술을 연습합니다. 또 공부는 원하는 것을 얻기 위해 인내하고 노력하는 연습을 하는 여러 방법 중 하나이기도 합니다. 스스로 노력해서 무엇인가를 얻어냈다는 자신감이 쌓이면서 세상에 도전할 수 있는 힘도 길러집니다. 매일 등굣길, 수업, 숙제를 반복하면서 인생을 살아가는 데 가장 절실한 능력 중 하나인 인내와 성실을 키워가는 것이죠. 하기 싫은 것에 맞서는 데 필요한 주도성과 능동성도 매일의 공부와 시험 준비를 통해 한 겹 한 겹 쌓아갑니다. 그러니 기대했던 만큼의 결과나 성적이 나오지 않더라도 자신이 노력하고 인내한 과정 자체로 의미 있는 도전이고 성장입니다.

또 공부하는 행위는 세상을 이해하는 데 필요한 지식을 넓혀

줍니다. 우리는 경험하고 배운 만큼 세상을 알아갑니다. 공부는 세상을 더 선명하게 잘 보여주는 '높은 해상도'와 같습니다. 유튜브 영상을 볼 때 해상도가 낮은 버전으로 봐도 내용은 알 수 있지만, 해상도를 올리면 훨씬 선명해서 내용도 잘 이해되고 재미있는 것처럼요.

하지만 우리 사회는 시험 점수가 개인의 능력을 대변해 준다고 생각합니다. 시험이 개인의 능력과 노력을 제대로 측정할 수 없음에도 불구하고 시험 결과로 너무 많은 보상과 결과를 약속합니다. 시험 점수는 노력만으로 결정되는 것이 아니라 우연히 타고난 원인에 의해 결정되기 쉬운 지표인데도 말입니다. 키 크고 잘생긴 건, 집이 부자인 건 우연히 타고난 거지 노력한 게 아니듯 공부도 사실 타고난 환경에 좌우되는 게 많습니다. 외모로 차별하면 분노하면서 공부로 차별하면 마땅하게 여기는 태도, 과연 괜찮은가요? 학력과 학벌은 능력의 정확한 지표가 되기에는 한계가 있고, 능력도 개인의 노력만으로 생기는 것이 아니니 '능력을 기준으로 혐오해도 된다'고 말할 수 없습니다.

장애인 혐오

〈우리들의 블루스〉라는 드라마에는 다운 증후군 언니 영희와 부모 없이 영희를 돌보며 살아온 동생 영옥의 이야기가 나옵니다.

> **영옥** 영희도 다 알아, 사람들이 자길 이상하게 보는 거 다 안다고… 내가 자기를 얼마나 거부하는지 다 안다고! ▶

이렇게 말하는 영옥이에게 정준이는 학교에서 장애인을 어떻게 대해야 하는지 배운 적이 없다고 얘기합니다. 학교에서 받는 장애 이해 교육은 1년에 고작 1~2시간이고, 장애인을 잘 도와줘야 한다고만 가르칩니다. 장애인과 함께 더불어 잘 사는 방법이 무엇인지 가르치지 않습니다. 그렇기에 성인이 되어서도 장애인을 마주했을 때 어떻게 행동해야 하는지 알지 못합니다.

보통 낯선 주제를 접하거나 잘 모르는 부분이 있으면 배우려고 합니다. 영어를 모르면 배워야 한다고 생각하지, 내가 모르는 영어를 쓰는 그 사람들을 이상하게 생각하지 않습니다. 하지만 우리 사회에서 장애는 모르는 게 당연하고, 몰라도 되는 일이 됩니다. 장애를 가진 이들이 불편한 건 어쩔 수 없는 일로 받아들입니다. 장애를 입은 건 그들이 부주의했거나 운이 안 좋았기 때문이라고 생각하니까요.

인간이기에 갖는 당연한 권리를 장애인이 요구하면 오히려 다수에게 피해를 준다는 비난을 받습니다. 장애인이 정당한 감정을 표출하면 민감하거나 너무 많은 것을 바란다는 반응이 돌아옵니다. 비장애인들이 자신의 입장에서 멋대로 지레짐작해서 충고하거나 평가하며 판단하기도 하죠. 고정 관념을 벗어난 행동을 하는 장애인들에 대해서는 비정상이라고 비난하기도 합니다.

왜 이렇게 되는 걸까요? 장애에 대해 우리 사회가 지닌 '상식'에는 어떤 태도와 인식이 담겨 있을까요?

환자일 뿐인데
무슨 잘못이 있나요

민준이는 소아 당뇨 환자입니다. 우리 몸의 인슐린이라는 호르몬은 혈액 속에 돌아다니는 혈당을 각 세포로 보냄으로써 세포들이 에너지를 얻을 수 있도록 돕습니다. 당뇨는 어떤 이유인지 인슐린이 잘 분비되지 않아서 혈액에는 혈당이 너무 많고, 각 세포들은 에너지를 얻지 못하게 되는 병입니다. 세포가 혈당을 이용하지 못하니 체중이 급격하게 빠지거나 의식을 잃거나 심한 경우 사망할 수도 있습니다. 유전적 요인이나 불균형한 식습관 등이 원인으로 추정되지만, 정확한 원인 파악이나 완치가 어렵습니다. 그러나 민준이가 지금 하고 있는 것처럼 생활 습관을 꾸준히 개선하고 혈당을 체크하며 인슐린 조절 주사를 계속 맞으면 일상생활을 하는 데는 큰 문제가 없습니다.

하지만 민준이는 학교에서 사람들의 시선을 모으는 특이한 아이가 되었습니다. 건강한 아이가 정상 기준이 되었기 때문입니다. '건강'이 기준이 된다면 병이 있는 민준이는 비정상이 됩니다. 당뇨병이 단것을 많이 먹어 뚱뚱해지면 생기는 병이라는 잘못된 편견도 작용했습니다. 어렸을 때 부모가 적절히 돌보지 않아서, 혹은 단것만 골라 먹는 나쁜 습관이 있어서 소아 당뇨

에 걸렸다고 사람들은 수군댔습니다. 민준이는 같은 반 아이들에게 놀림을 받기도 하고, 다른 학부모나 교사가 불쌍히 여기는 대상이 되기도 했습니다.

학교에서 많은 시간을 보내는 민준이지만, 인슐린 조절 주사를 규칙적으로 맞을 수 있는 마음 편한 공간을 찾기도 쉽지 않았습니다. 초중고에 다니는 소아 당뇨 학생 열 명 중 일곱 명은 학교에서 저혈당을 경험했고, 다섯 명 중 한 명은 친구들의 눈을 피해 주사를 놓기 위해 화장실이나 학교 여기저기를 찾아다닌다고 합니다.▶

저는 자폐 스펙트럼 장애가 있어요

저는 어릴 때부터 엄마의 눈을 마주치지 않아서 병원에서 검사를 받았어요. 그때 의사 선생님이 자폐 스펙트럼 장애가 있다고 말씀해 주셨대요. 자폐 스펙트럼 장애는 모습과 상태가 굉장히 다양하지만 대체로 친구들과 어울리기 힘들어요. 친구들이 하는 이야기를 이해하며 웃는 게 어렵고, 친구들의 표정을 보며 감정이나 마음을 아는 것도 어려워요. 하지만 전 공부는 잘할 수 있어요. 기차 시간표도 달달 외울 정도로 암기력이 좋거든요.

저는 어릴 때부터 발달 센터에 다니며 치료를 받았어요. 치료실에 오는 다른 친구들 중에는 감각이 민감한 친구들이 많아요. 감각이 너무 민감해서 다른 사람들에게는 사소한 자극도 고통으로 느껴진대요. 혜민이는 악수만 해도 심하게 간지럼을 타서 마구 웃어대요. 민석이는 눈에 빛이 비치면 바늘로 찌르는 듯 아프대요. 그래서 선글라스를 쓰고 다녀요. 현이는 친구들이 다가오는 기척도 위협으로 느낀다고 의사 선생님이 말씀하셨어요.

하지만 그런 현이를 아무도 이해하지 못해요. 그래서 현이를 놀리려고 가까이 다가가서 건드려요. 깜짝 놀라고 화를 내는 현이의 모습이 재미있나 봐요. 그럴 때마다 현이는 화를 내지만 아이들은 웃기만 해요. 어른들은 거리를 두려는 현이를 이해하지 못하고 친구들과 사이좋게 지내라고 해요.

저는 소리에 민감해서 큰 소리가 울리면 너무 싫어요. 작은 소리는 괜찮지만 친구들이 큰 소리를 내면 누군가가 때리는 기분이 들어요. 저는 소리 때문에 놀라거나 힘들면 몸을 앞뒤로 흔들어요. 그러다 보면 진정이 되거든요. 하지만 그런 저를 보며 아이들은 놀려요. 저를 보면서 놀리고 웃으면 저도 기분이 나쁘고 마음이 아파요. 제가 감정이 없는 게 아니니까요.

자폐 스펙트럼 장애에 대해 들어본 적 있나요? 예전에는 자폐증이라고 불렸지만 모습과 상태가 굉장히 다양하기 때문에 2013년에 자폐 범주성(스펙트럼) 장애라는 말로 병명이 바뀌었습니다. 지적 장애와는 다르며, 사회적 상호 작용 이해 능력에 저하를 일으키는 신경 발달 장애이고, 유전적·생물학적 요인에 의해 선천적으로 나타나는 병입니다. 특정 자극에 지나치게 민감하거나 둔감할 수 있으며, 제한적이고 반복적인 관심을 보이기 때문에 사회적인 의사소통이 어렵습니다. 다른 사람과 대화에 자연스럽게 끼어들어 같은 주제로 이야기하거나, 눈을 맞추는 상호 작용에 어려움을 겪습니다. 사회적 소통이 약하기 때문에 비장애인과는 다른 모습으로 성장하게 됩니다.

하지만 우리 사회는 장애라는 '다른' 모습을 '정상 신체 중심주의'라는 기준으로 바라봅니다. 정상 신체 중심주의는 사회의 모든 제도나 규칙, 일상을 장애가 없다고 생각되는 몸 상태를 기준으로 설정하고, 그것이 '정상'이라고 여기는 태도입니다. '통계적으로 평균에 가까운 사람의 몸 상태'를 '바람직하다'고 보는 가치관입니다. 정상 신체 중심주의는 장애를 하나의 '특징'으로 보는 게 아니라, '정상에서 벗어난 범주'로 해석합니다. 장애가 없는 상태를 정상으로, 장애가 있는 상태를 비정상으로 간주하기 때문에 장애를 가진 사람들에게 여러 가지 제한과 규제가 생깁니다.

'정상에서 벗어난 사람'들은 불편을 참거나 스스로 바꾸라고 강요받습니다. 왼손잡이는 일상에서 왼손을 더 많이 쓰는 '특징'을 지닌 사람일 뿐이지만, 오랫동안 우리 사회는 왼손잡이를 고쳐야 하는 '잘못된' 상태로 받아들였습니다. 명확한 이유는 알 수 없지만, 오른손잡이의 비율이 더 높기 때문입니다. 오른손을 쓰는 것이 정상으로 구분되어 오른손은 '바른손', 왼손은

'남겨진the left 손'이라 불렸습니다. 아직도 수많은 맘카페에는 왼손잡이를 걱정하는 글들이 올라옵니다.

"우리 아이 왼손잡이인 것 같아요. 교정해 줘야 할까요?"

왼손잡이 자체가 문제인 것이 아니라, 왼손잡이가 불편하도록 만들어진 오른손잡이 중심 사회 환경이 문제인데 말이죠.

비장애를 정상 범주로 두고 장애를 특정 기준에 '미달'된 자격 부족으로 규정하기에 문제가 됩니다. 사회 제도, 규칙, 일상이 비장애인 중심으로 구성되고 운영되니까요. '비장애 중심주의'가 지배적인 사회에서 장애인은 성장은커녕 기본적인 권리와 자유를 추구하기도 쉽지 않습니다.

내가 원할 때 이동할 권리

2020년 5월 어느 날, 고 씨는 외출했다가 급작스러운 낙상 사고를 당했어요. 눈을 떠 보니 병원이었고 온몸이 골절된 상태였어요. 하반신이 마비된 척수 장애인이 됐다는 충격적인 사실을 인지할 수조차 없을 정도로 극심한 통증에 시달렸어요. 자신의 몸이 이전과는 다른 상태라는 것을 받아들이게 돼서야 절망감이 밀려왔어요.

사고 전에 고 씨는 집에서 16킬로 떨어진 서울 종로구의 어느 여행사에 지하철을 타고 출퇴근했어요. 운동을 즐겨 평소 주 3회 정도 집에서 450미터 떨어진 헬스클럽을 찾았고요. 주말에는 16킬로 거리에 있는 서울 마포구 망원동의 맛집과 카페를 친구들과 함께 찾아 즐거운 시간을 보냈어요. 이렇게 일주일간 약 194.7킬로의 거리를 자유롭게 활보했지요.

그러나 사고 이후엔 일주일에 이틀만 외출해요. 총 이동 거리는 1.08킬로, 답답한 마음을 풀기 위해 집 앞 270미터 거리에 있는 카페에 어머니와 함께 나가는 것이 대부분이에요. 나머지 시간은 그림을 그리거나 책을 읽으며 집에 머물러요. 가끔 친구들이 자동차를 갖고 찾아와 외출하는 날에야 바람 쐰다는 기분을 느껴요.

고 씨의 이동 거리가 이렇게 줄어든 이유는 장애를 갖기 전에는 몰랐던 제약이 그를 막아섰기 때문이에요. 휠체어로 이동할 때 경사진 길과 갈라진 보도블록을 만나면 아찔해요. 음식점은 입구에 턱이 있으면 출입 자체가 불가능하고요. 대중교통을 이용하는 것도 어려워요. 장애인 콜택시는 실제로 타본 적이 없을 정도로 장시간 대기가 필요해요. 지하철도

거리의 수많은 턱은 휠체어를 탄 장애인의 이동을 어렵게 한다.

열차와 스크린도어 사이 간격이 넓은 곳이 적지 않아 휠체어 바퀴가 빠질까 봐 늘 두려워요. ▶

　비장애인도, 장애인도 사회에 함께 존재합니다. 하지만 사회 각종 시설과 제도가 비장애인을 정상 기준으로 설정하여 설계했기 때문에 장애인은 이용할 수 없는 이동 시설이 많습니다. 누구나 다른 이에게 피해를 주지 않는다면 이동할 수 있는 자유가 있지만 장애인들은 그 자유를 누릴 방법을 찾기 어렵습니다.
　우리 사회는 장애인들이 목소리를 내면 당황하고, 부당한 요구를 하는 것처럼 비난하고, 다른 사람들의 권리를 빼앗는 것처럼 분노합니다. 비장애가 '정상', 장애가 '비정상'이라 여기는 게 자연스러운 사회에서 장애인들이 이동할 권리를 주장하면 불편하고 낯섭니다. 우리의 인식이 장애인들을 밀어냅니다.

출근 시간에 왜 나다니고 있어, 쯧!

장애를 입었으니 어느 정도 피해는 감수해야 한다고 생각하나요? 장애는 본인이 원해서, 게을러서, 노력하지 않아서 겪는 게 아닙니다. 누구나 원치 않지만, 누구에게나 예상할 수 없이 닥치는 일입니다. 또 장애를 입은 사람에게 편한 환경은 대부분 비장애인들에게도 편합니다. 계단만 있는 통행로, 갈라진 보도블럭, 음식점 입구의 턱, 지하철과 플랫폼 사이 넓은 틈은 보폭이 좁은 아이, 지팡이를 짚은 노인, 짐이 많아서 수레를 끌고 온 청년에게도 불편하고 위험합니다.

내가 원하는 것을
소비할 권리

장애인이 휠체어에 앉아 팔을 힘껏 뻗었을 때 닿을 수 있는 최대 높이는 122cm입니다. 한국소비자원의 2022년 실태 조사 결과를 보면 **키오스크**의 85%가 122cm 보다 높게 설치돼 지체 장애인의 접근이 아예 불가능합니다. 바퀴의 너비가

✦ **키오스크** 터치스크린 방식으로 물건을 주문하는 무인 단말기

있으니 키오스크와의 거리는 더 멀어져 버튼 누르기도 어렵고, 또 그만큼 손이 닿지 않으니 뜨거운 차나 음식을 받아야 하는 자판기라면 위험천만하기까지 합니다.▶

색약 장애를 들어보셨나요? 눈 안의 망막에는 적색, 녹색, 청색을 인식하는 각각의 세포 조직이 있는데, 이 세포에 이상이 생겨서 특정 색을 인식하지 못하는 장애입니다. 색약 장애인은 버튼의 색으로만 구분하게 되어 있는 키오스크를 이용하기 어렵습니다.

시력이 낮은 사람이나 시각 장애인을 위한 안내 음성이 나오는 키오스크는 있지만, 버튼이 어디 있는지, 어떤 메뉴가 있는지, 결제는 어떻게 하는지 세부 사항이 적힌 화면의 버튼을 확대하는 기능이나 점자는 없습니다.

청각 장애인이 시끄러운 가게 한복판에 설치된 키오스크에서 들려오는 소리를 따라 버튼을 선택하기란 거의 불가능합니다. 음성 지원을 받을 수 있게 보청기 연결 단자를 꽂을 수 있는 키오스크는 거의 없습니다.

장애인에게는
너무 먼 키오스크

닿지 않아.

이쪽인가? 점자가 없어서 모르겠네.

손이 흔들려서 지문을 못 찍겠어.

자신의 의지와 관계없이 근육이 수축되는 뇌병변 장애인들은 버튼을 정확하게 누르는 게 불가능합니다. 각종 행정 절차 과정에서 본인을 증명하기 위해 제출해야 하는 가족관계증명서, 인감증명서 등은 미리 등록된 지문으로 키오스크에서 쉽게 출력할 수 있지만, 뇌병변 장애인들은 손이 흔들리기 때문에 지문을 입력하는 게 어렵습니다.

자본주의 사회에서는 불편한 진실이지만 '돈 쓰는 사람'이 왕 아닌가요? 그런데 장애인은 돈이 있는데도 소비할 수 없고, 사고 싶은데도 소비할 권리를 행사하지 못합니다. 현금도 카드도 있고, 필요와 욕구도 있지만 사회적 환경이 소비할 수 없게 만듭니다.

배려하려 했지만,
차별하게 됐어요

장애인 차별은 그동안 없다가 갑자기 생겨난 문제가 아닙니다. 장애인은 비장애인 집단에 비해 상대적으로 숫자가 적기 때문에 이들이 겪는 차별이 더 눈에 띄지 않았을 뿐입니다. 목소리를 더 크게 내고, 고함지르고 싸워서 간신히 '발견'된 차별입니다.

장애인도 개별적인 존재이고 각자의 경계를 지니고 있는 존재로서 주체적이고 고유한 일상과 삶의 방식이 있습니다. 그렇지만 정상 신체 중심주의가 상식이 된 사회에서 장애인들은 불쌍하고 약한 존재로만 여겨져 동정을 받습니다. 도움의 손길이 필요하다는 말이 나쁜 의도를 가진 것은 아니지만, 장애를 문제와 한계로만 보면 원치 않는데 도우려 하거나 동정의 눈으로만 보게 됩니다.

장애인들이 도움을 불쾌해하거나 거절하면 비장애인들은 황당해합니다. 전문적인 일을 해내는 장애인을 볼 때는 신기해하고 낯설어하기도 합니다. 장애인들을 뭔가 '일반적이지 않은' 존재라고 생각하기 때문에 이동권, 소비권, 노동권, 교육권 같은 인간의 기본 권리를 요구해도 대수롭지 않게 무시하기도 합니다. 장애인을 누군가에게 의존해야만 살 수 있는, 도움이 필요한 존재라고만 여기기에 문제를 지적하고 힘을 모아 목소리를 내는 장애인은 불편합니다. 고분고분하며 아무것도 요구하지 않는 착하고 순한 '장애인다움'을 기대하기에, 정당한 권리를 요구하는 장애인에게 비장애인의 권리를 빼앗는다며 분노를 토합니다.

"이기적이고, 뻔뻔하다."

"자격이 없다."

장애인 단체가 고속버스에 휠체어 탑승 설비를 요구하며 민사 소송을 하자, 법원이 현장 검증을 벌이고 있다.(2023년 11월 29일)

"고마운 줄 모른다."

장애인이 비장애인과 똑같은 활동의 자유, 이동의 자유, 소통의 자유를 요구하면 비장애인에게 손해를 가져온다고 생각하기도 합니다. 모두의 권리는 동일하게 중요합니다. 우연적 요인 때문에 권리를 누리지 못한다면 보완하는 것, 즉 출발선을 보정하는 것이 동일하게 중요한 권리를 실현시키는 방식입니다. 장애는 '어쩔 수 없이' 소득 활동, 이동권, 소통의 자유가 제한되어도 되는 이유가 아닙니다.

사회적 약자인 장애인이 '약자답지 않은' 모습으로 비춰질 때, 자신과 차이가 적어 보일 때 불편해하는 사람들이 있습니다. 나는 저들과는 같지 않다, 저들보다는 낫다, 저들은 나보다 불쌍하다는 게 확인되어야 마음이 편해지죠. 착하고 고분고분한 장애인에게는 우월감을, 목소리를 내고 권리를 요구하는 장애인에게는 혐오를 표출하는 이유입니다.

장애인을 돕는 손길도 중요하지만, 그 전에 도움이 없어도 스스로 살아가고 활동할 수 있는 환경이 필요합니다. 각각의 특징을 딱 그만큼의 무게로만 받아들이는 사회라면 장애인뿐만 아니라 모두가 인정받고 존중받을 수 있습니다.

장애인을 사회에서 살아가기 불편하게 만드는 것은 장애 그 자체가 아니라, 정상 신체가 상식이라 말하는 사회입니다. 장애인의 모습과 행동이 낯설어서 몰래 쳐다보게 되나요? 반대로 장애인을 쳐다보지 않으려고 일부러 애쓰나요? 신기하거나 불편한 마음이 드는 것 자체가 잘못은 아닙니다. 장애인에 대해 잘 모르기 때문에 낯설고, 불안한 마음이 드는 겁니다. 모르면 배우면 됩니다. 자신의 기분을 다른 사람과 이야기하면서 장애에 대해 이해하고 배울 수 있습니다.

젠더 혐오

아주 먼 옛날 생존과 안정적인 거주를 위해 가장 필요한 능력은 '육체적 힘'이었습니다. 큰 짐승을 사냥하는 일, 사람들을 동원해서 성과 저수지를 건축하는 일도 힘이 센 사람이 할 수 있었습니다. 농사가 시작되면서부터 생겨난 여유분의 식량을 누가 얼마나 더 많이 가질 것인지를 결정하는 일도 힘이 강한 사람의 몫이었습니다. 가족이 부족이 되고, 부족은 국가의 형태로 발전하기 시작했습니다. 많은 사람을 통제하고, 동원하고, 서로 다른 사람들을 하나의 '국가'라는 집단으로 묶을 수 있는 원동력은 바로 '힘'이었습니다. 이 과정에서 육체적으로 더 강한 남성들이 권력을 쥘 수 있도록 제도와 법, 구조가 만들어졌습니다.

이것이 끊임없이 반복되면서 육체적 힘을 갖고 있는 남성들이 다른 집단을 지배하는 것을 당연하게 생각했습니다.

가부장제는 남성, 특히 그중에서도 가장家長이 가족 구성원들에게 강력한 권한을 갖고 가족을 지배, 통솔하는 가족 형태입니다. 동서양을 통틀어 가정뿐만 아니라 나라를 운영하는 방식에도 큰 영향을 미쳤습니다. 가부장제에서 남성들, 특히 가장 먼저 태어난 아들은 실제 능력이나 성격과는 상관없이 가장의 역할을 강요받으며 자랐습니다.

반대로 여성들은 아무리 영향력이 크고 능력이 있다고 해도 가장이 될 수 없었습니다. 여성들은 남성의 소유물, 재산으로 여겨져 출산한 자녀와 함께 남성에게 종속되어야 하는 존재였습니다. 여성들은 남성이 지배하는 가족이라는 제도 안에서만 인정받을 수 있었죠. 어릴 때는 아버지에게, 결혼 후에는 남편에게, 나이 들면 아들에게 순종을 강요받았습니다. 결혼하지 않은 여성은 주체적인 행위와 활동을 할 수 없었습니다.

그러나 오늘날 우리가 사는 세상은 달라졌습니다. 지도자가 되기 좋은 사람은 육체적으로 더 강한 사람만이 아니라, 지적이고, 많이 알고, 창의적이고, 현명하고, 많은 사람을 이해할 줄 알고, 변화에 잘 대처할 수 있는 사람입니다. 이런 능력은 특정한 성性에게만 있는 것은 아닙니다. 사람마다 다를 뿐이죠. 인류는 수많은 사람들의 각양각색 능력이 어우러지면서 발전해 왔습니다.

하지만 기업의 대표가, 나라의 대통령이, 지역의 국회의원이, 군대의 지휘관이 남자인 것을 계속 보게 되면 우리는 그것에 익숙해집니다. 남자가 한 집단의 지도자가 되는 것이 자연스러워지고, 당연하게 여겨집니다. 반대로 여자가 한 집단의 리더가 되는 것이 어색하고, 이상하게 느껴지고, 때로는 불편해지기까지 합니다.

남자라서?
여자라서?

힘이 강한 남성과 대비되는 집단에는 누가 있을까요? 힘이 약한 남성, 여성, 그리고 노인과 아이가 대표적인 집단입니다. 이 집단들을 한꺼번에 지배할 수 있는 자격을 갖추려면 다음 기준에 맞아떨어져야 합니다.

남자는 강해야 한다!

남성 집단 전체가 다른 집단을 지배하는 게 당연할 수 있으려면 모든 남성들이 이 기준에 맞춰져야 합니다. 남성 전체를 '강하다'는 기준 안에 집어넣고, 그렇지 않은 남성은 부정적으로 보거나 비난하거나 편견에 가둡니다. 힘이 센 여성들에게는 '희한하게 여자답지 않은 존재'라는 지위를 부여하고요. 이러면 오랫동안 지배층이었던 강한 남성이 약한 남성과 어린이, 노인, 장애인, 여성 전체를 계속 지배하는 것이 정상이고 상식이 되겠죠. '남자는 당연히 강해야 한다', '힘이 센 남자가 좋은 남자다'라는 기준 속에서 '여자가 좀 부드러운 맛이 있어야지', '힘 센 여자는 매력 없다'라는 기준도 함께 자라납니다.

그럼 강한 남성들은 지배자라서 행복하고 기쁠까요? 우울하거나 혼자 문제를 해결할 수 없다는 생각이 들어도 아무렇지 않은 척해야 해서 힘든 건 아닐까요? 나이가 들면서 더 이상 강하지 않을 때 남성들은 그 사실을 받아들이기가 더 힘들고, 우울과 좌절을 겪기도 쉽습니다. 더 이상 힘도 영향력도 없는 자신은 아무것도 아니니까요. 이뿐인가요? 잘못을 사과해야 할 때, 더 이상 고집부리지 말고 힘들고 속상한 마음을 털어놓아야 할 때도 센 척하는 것이 습관이 되었습니다. 폭력을 당한 피해자가 되어도 '남자가 되어서 맞고 다니냐'라는 핀잔을 듣기도 합니다.

생물학적으로 보면 신체 구조상 남성이 평균적으로 여성보 힘이여 솟아라!

남자니까 왜?

남자가 왜 울어?

으~ 피 나

남자 녀석이 크게 얘기 못 해!

저는 그러니까 왜냐하면……

뭐냐? 여자한테 지고.

남자가 창피하게 맞고 다니냐!

나는 이제 힘도 약해져서 용기도 안 나고 우울한데 말할 곳이 없어. 그래도 남자니까 계속 센 척해야 해.

다 힘이 셀 가능성이 큽니다. 그러나 당연히 모두가 원래 그런 건 아닙니다. 신체적으로 힘이 세든 약하든, 목소리가 크든 작든, 영향력이 크든 작든 모두 남녀 간 차이이기 전에 사람마다 다른 특징입니다. 각각의 개인이 지닌 자연스러운 특성을 무시한 채 사회가 기대하는 남성적인 모습, 여성적인 모습을 기준으로 개인을 평가한다면 각자의 경계는 무시당하게 됩니다. 기준에서 어긋난다는 평가를 받을까 봐 기준에 맞게 행동하느라 자연스러움을 잃은 채, 불편하고 억눌리는 마음을 경험하게 됩니다.

남성과 여성은
서로 맞서 싸우는 적일까?

사회를 운영하고 결정하는 방식을 남성 중심적인 관점으로 선택하면 여성들이 자신의 감정, 생각을 갖고 저항할 때 사회는 매우 당황하고, 분노하고, 심지어 남성의 권리를 빼앗으려 한다는 위기감을 느끼기도 합니다. 20대 남성들은 '군대를 안 가도 되는 여성들' 때문에 안 그래도 어려운 대학 졸업과 취업이 더 힘들고 어려워진다고 분노합니다. 여성들은 어차피 결혼하고 아이 낳으면 금방 회사를 그만두는데 굳이 취업을 하려는 건 이기적이라며 비난합니다.

하지만 과거에 남성들이 취업 시장에 더 많았던 것은 남성들의 능력이 산업 현장에서 더 뛰어났기 때문도, 여성들이 회사 생활에 적응하지 못했기 때문도 아닙니다. 자본주의 발전 과정에서 사회와 기업이 그렇게 유도한 거죠. 그러니 오늘날 취업 시장에 진출하는 여성의 비율이 높아져서 남성의 기회가 줄어든 것이 아니라, 과거에 남성들이 취업 시장에서 특권을 누렸다고 볼 수 있습니다.

자본주의 속성에 따라 돈 버는 사람이 힘이 있으니 경제 활동을 하지 '못하는' 여성들의 목소리는 사회에서 힘을 얻기 어려웠습니다. 가사, 보육, 교육, 요리와 같이 여성들이 주로 담당했던 일들은 다른 영역의 일보다 가치를 낮게 평가받기도 했고요. 심지어 전업주부는 집에서 '노는 엄마'라는 얘기를 듣기도 했습니다.

반면 남성들에게는 승진 기회나 임금이 높은 지위에 오를 기회가 많이 주어졌습니다. 같은 회사 내에서 상위 직급이나 임금을 많이 받는 일자리에 남성들이 더 많다 보니 남녀 간 임금 격차가 발생합니다. 여성 임금은 평균적으로 30~39세 사이에 생애 최고점(209~293만 원)을 나타내고 그 이후로는 남성보다 계속 낮습니다. 남성 임금은 평균적으로 28~30세면 여성 임금 최

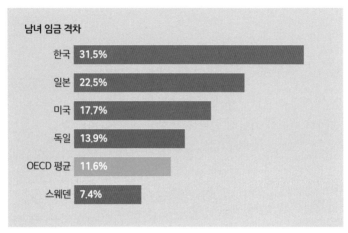

남녀 임금 격차

한국	31.5%
일본	22.5%
미국	17.7%
독일	13.9%
OECD 평균	11.6%
스웨덴	7.4%

우리나라는 OECD 국가 가운데 남녀 임금 격차가 가장 심한 나라로 1992년 이래 30년간 줄곧 1위를 차지했다.

고점보다 높고(214~304만 원), 그 이후로도 계속 상승합니다. 50대가 되면 여성 평균 임금은 남성의 절반 수준으로 떨어집니다.▶ 임신과 출산으로 인해 경력이 단절된 여성이 노동 시장에 재진입했을 때 저임금 일자리에 몰리기 때문입니다.

　여성들이 교육이나 훈련을 덜 받아서 임금이 차이 나는 거 아니냐고요? 2006년부터 여성들이 남성들보다 더 많이 대학에 진학했습니다. 그렇지만 같은 대학, 같은 전공에 경력이나 학점이 비슷하더라도 남성이 양질의 일자리를 얻을 확률이 높습니다. 노동 시장에서 군대를 다녀온 남성을 더 성숙하고 능력이 있다고 여기며 선호하기 때문입니다. 채용에서 차별받은 여성들은 어쩔 수 없이 임금이 낮은 회사로 들어갈 수밖에 없습니다. 20대 때부터 발생한 남녀 임금 격차는 시간이 지나면서 더욱 심해집니다.▶

오늘날은 남녀 상관없이 모두 소득 활동을 해야 생활비를 확보하는 고물가 시대입니다. 성별에 상관없이 취업할 수 있고 능력에 따라 소득을 얻을 수 있다면, 남성들이 과도하게 지고 있던 가장의 무게도 가벼워질 수 있습니다. 성별에 상관없이 누구나 공평한 기회를 얻는다면, 가족의 생계비를 벌기 위해 남성들에게 요구되던 과도한 노동 시간도 줄어듭니다. 많은 돈을 버는 직업이 아닌 자신이 원하는 일, 자신이 잘할 수 있는 일에 도전할 수 있는 가능성도 높아지겠죠. 가족 구성원이라면 누구나 성별에 상관없이 육아나 가사에 충분한 시간을 들이면서 건강한 가정을 만들고 건강한 자녀를 양육할 수 있게 됩니다. 그러니 여성들이 남성들의 것을 빼앗아간다며 여성을 혐오하는 게 아니라, 오히려 왜 충분한 일자리를 만들어내지 못하고 능력에 따른 공평한 기회를 제공하지 않는지 힘을 합쳐서 국가와 사회, 기업에 따져야 합니다.

'여자에게 좋은 직업'이라는 말을 들어봤나요? 출산 휴가가 보장되어 있고, 업무와 육아, 살림을 병행하기 좋은 출퇴근 시간, 육아 휴직이 길어서 아이를 다른 사람의 도움 없이 충분히

키울 수 있고, 복직도 쉽고, 아이 키우는 데 필요한 능력이 요구되는 직업을 의미입니다. 여성에게는 자신의 능력을 실현시키거나 승진 또는 성공을 하는 것보다는 임신·출산·육아를 하면서도 소득 활동을 병행할 수 있는 직업이 좋은 직업이라는 의미입니다. '애들 키우면서 다니기 좋은 직장'을 선택하는 것이 자신이 하고 싶은 일, 자신이 잘할 수 있는 직업을 선택하는 것보다 중요합니다. 그러나 남자에게 좋은 직업, 남성이 애 키우면서 다니기 좋은 직장에 대해서는 아무도 말하지 않습니다.

임신과 출산은 여성의 신체에서 일어나는 일이지만 여성 혼자 해결해야 하는 문제가 아닙니다. 양육과 마찬가지로 남성과 여성 모두의 일이자, 동시에 사회 전체의 시민이자 노동력, 국방력을 생산하는 일이기도 합니다. 그렇기에 임신·출산·육아는 다른 방식으로 국방의 의무를 이행하는 것입니다. 국방의 의무는 병역의 의무만으로 이뤄져 있지 않으며, 나라를 지키기 위한 국방비는 성별 상관없이 내는 세금을 통해 충당되고 있습니다. 여성이라는 이유로 국민의 의무를 다하지 않는다는 비난은 사실과는 다릅니다.

"군대도 안 가고 편하게 살아서 좋겠다!"
"네가 애를 낳아봤나!"

남성과 여성은 서로 맞서 싸우는 적이 아니라, 안전과 인권, 건강한 풍토를 만들기 위해 힘을 합쳐야 하는 동지입니다. 결국 여성주의, 또는 페미니즘은 여자들의 이익을 위해서만 일하는 것이 아니라, 성별을 기준으로 만들어진 모든 방식의 차별과 혐오로부터 모든 사람들을 보호하려는 운동입니다. 남성이기 전에 여성이기 전에 한 사람으로 인정할 수 있다면 남성 혐오, 여성 혐오에 대해 저항할 수 있습니다.

남자답게, 여자답게?
나답게!

◇◇◇◇◇◇◇◇◇◇

선생님은 시험 점수가 가장 높은 사람을 반장으로 뽑겠다고 했다. 나는 정말로 반장이 되고 싶었다. 반장은 떠든 아이의 이름을 적을 수 있기 때문이다. 나는 반에서 일등을 했다. 하지만 선생님은 남자아이가 반장이 되어야 한다고 했다. 반에서 이등을 한 남자아이가 반장이 되었다.▶

반장이 된 남자아이와 반장이 되지 못한 여자아이, 둘 다 어떤 마음이 들었을까요? 반장이 되고 싶은 아이, 반장이 될 수 있는 자격이 있는 아이가 반장이 되는 것이 공정하지 않을까요?

알렉산드라 고모는 내 옷차림에 대해 그야말로 광적이었습니다. … 아빠의 외로운 삶에서 한줄기 햇살이 되어야 한다고도 하셨고요. 바지를 입고서도 얼마든지 한줄기 햇살이 될 수 있다고 대답했지만 고모는 여자란 햇살처럼 행동해야 한다느니… 하지만 아빠에게 그 문제에 대해 여쭤 봤을 때 아빠는 우리 집에는 이미 햇살이 충분하고 내 행동에 대해 그

다지 걱정하시지 않는다고 했습니다.

-소설《앵무새 죽이기》중에서▶

   여자라면 조신하게 행동하고, 예쁘게 꾸며야 한다는 말도, 남자라면 리더십도 있고 외향적이어야 한다는 말도 각자의 경계를 침범하는 불편함과 불안함을 낳습니다. 각자의 자연스러움을 빼앗아가서 남녀 모두를 힘들게 합니다. 유튜브, 드라마, 짤 등에서 그려지는 남자, 그러니까 '사회적으로 인정되는 남자'와 현실의 '나' 사이에는 거리가 있습니다. 사회가 기대하는 남자다움이 기준이 되면 여성은 남성성을 부각시키기 위한 도구로만 인식되기 쉽습니다. 여자든 남자든 자신이 친해지고 싶은 사람과 깊이 대화하며 다양한 모습으로 어울리길 원하지만 사회가 요구하는 틀로 인해 자신의 자연스러움을 펼칠 기회를 잃는 거죠.

   평등을 추구하는 사회는 여성성 혹은 남성성이라는 기준을 개인에게 기대하거나 강요하지 않습니다. 여성에게만, 혹은 남성에게만 요구하는 제약과 가면을 벗고 여성성도, 남성성도 동등하게 존중받는 사회를 꿈꿔야 합니다. '우리'와 '그들'이라는 대명사로 나누지 않고 서로를 인정할 때, 서로를 아끼고 보듬어줄 수 있습니다. 각자가 나다운 자연스러움을 찾고 고민하고,

눈덩이 굴리듯 나다움을 계속 단단하게 만들어나갈 수 있을 때 혐오는 힘을 잃게 됩니다. 나의 자연스러운 모습과 꿈을 가치 있게 여기며, 서로를 인정하고 존중하는 모습이 상식인 사회라면 혐오 표현은 유치하고 촌스러운 나머지 말하는 이가 부끄러워지는 말이 될 겁니다.

나이 혐오

아침에는 네 발로 걷고 점심에는 두 발로 걷다가 저녁에는 세 발로 걷는 짐승은 무엇인가?

그리스 신화에 나오는 스핑크스는 이런 문제를 냅니다. 많은 친구들이 알고 있듯이 정답은 '인간'입니다. 인간은 살면서 네 발로 기는 유아기, 두 발로 걷는 청장년기, 그리고 지팡이의 도움을 받는 노년기를 겪게 되니까요. 세 번의 시기는 자격이나 능력을 떠나 인간이라면 누구나 겪는 과정이고 특징입니다. 여러분도 네 발로 걷던 시기가 있었고, 앞으로 언젠가 세 발로 걷는 때를 경험하게 될 겁니다.

그런데 인간의 특징 중 하나인 '나이'가 오늘날 서로를 배제하고 평가하는 또 하나의 자격과 기준이 되고 있습니다. 나이든 사람은 능력이 떨어지니 일할 기회를 주지 않아야 한다고 생각하거나, 나이 어린 사람은 당연히 다른 사람에게 피해를 주고 서투를 테니 특정 장소에 들어오지 말라고 하는 거죠. 나이를 기준으로 혐오가 발생합니다.

'더 많이, 더 강하게, 더 빨리'를 강조하는 사회인수록 빨리 움직이고, 더 많은 일을 해내고, 더 강한 능력을 지닌 사람이 좋은 사람으로 인정받습니다. 역동성, 효율성만이 강조되는 사회에서 느리게 움직이거나 효율이 낮은 사람은 사회적 약자가 되고, 그들을 지원하는 각종 제도와 시설은 우선순위에서 밀려납니다. 생산성이 가장 높은 청장년 세대의 시선이 사회적 기준이되고, 어린이와 노인은 비난하기 쉬운 만만한 대상이 됩니다.

누군가에게는 돈이 있어도 살 수 없는 것

유명 유튜버 박막례 할머니의 '막례는 가고 싶어도 못 가는 식당'이라는 영상이 있습니다. 평소 호탕하고, 거침없고, 씩씩한 성격으로 많은 사람들에게 사랑받고 도전을 주는 막례 할머니

가 못 가는 식당은 어디일까요? 바로 키오스크로 주문을 받는 곳이었습니다. 막례 할머니는 원픽 메뉴인 불고기 버거를 주문하는 데 실패했습니다.

2020년 9월 한국소비자원이 실시한 '키오스크 사용 관찰 조사'에 따르면, 버스 터미널에서 키오스크를 이용한 70세 이상 노인 다섯 명 중 세 명이 표를 사지 못했고, 패스트푸드점에서 키오스크를 이용한 다섯 명 모두 주문을 완료하지 못했습니다. 키오스크를 이용하기 불편한 이유는 '단계가 복잡해서(51.4%)'가 가장 많았고, '뒷사람 눈치가 보여서(49.0%)', '그림·글씨가 잘 안 보여서(44.1%)'가 뒤를 이었습니다.▶

키오스크 도입이 대중교통, 각종 관공서, 금융 기관 등으로 확대되고 있으니 식당에만 제한되는 얘기는 아닙니다. 키오스크는 소비를 편하게 해주려고 만들었는데 소비하는 모든 집단을 배려하지 않았기 때문에 의도치 않게 차별의 도구가 되고 있습니다. 특정 집단의 소비가 다수의 소비를 방해하는 것도 아닌데 노인이니까, 아이니까, 장애인이니까 소비하지 못하는 건 어쩔 수 없다며 외면당합니다. 심지어 소비할 수 있도록 정정해 달라고 요청하는 정당한 권리를 비난하기도 합니다.

세상이 바뀌었으니 네가 적응해라!

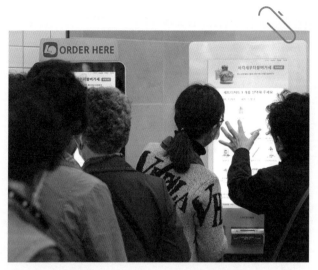

'디지털 약자 어르신 키오스크 교육'에 참여한 어르신들이 키오스크로 음식을 주문하는 과정을 체험하고 있다.

이건 결국 다양한 집단의 키오스크에 대한 접근성을 고려하지 않은 채 도입 자체만 급급했던 정부와 기업에게 책임이 있습니다. 특정 집단을 배려하자고 말하는 것이 아니라 모든 사람이 지닌 소비의 권리와 자유를 보호하자는 것입니다. 장애인 같은 특정 집단을 배려한 **배리어 프리 디자인**을 넘어 누구라도 사용할 수 있는 **유니버설 디자인**이 필요합니다.

✦ **배리어 프리 디자인** 장애인 등이 일상생활에서 부딪히는 장애물barrier을 없앤 디자인
✦ **유니버설 디자인** 장애인만이 아니라 모두가 사용할 수 있는 보편적universal 디자인

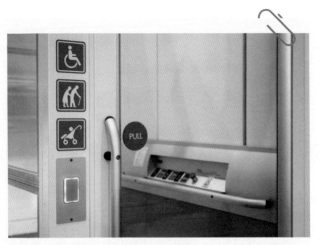

장애 신호화 기능이 있어서 장애인, 노인, 유아가 모두 이용할 수 있도록 유니버설 디자인으로 설계된 화장실

누군가에게는 들어가고
싶어도 갈 수 없는 곳

아이들은 다른 사람을 고려하여 스스로 자신의 행동을 통제하는 법을 배우는 중이라 다른 사람을 방해할 수 있습니다. 물론 아이가 제대로 자기 행동의 경계를 배울 수 있도록 주의를 기울이고 교육할 책임은 아이를 동반한 어른에게 있습니다. 자기가 원하는 대로 느끼는 대로 행동하고 싶은 마음을 누르고, 다른

사람에게 피해를 입히지 않도록 배우는 것을 '사회화'라고 합니다. 사회생활을 위해 다른 이의 권리와 자유를 침해하지 않는 한도 안에서 자신의 자유를 추구할 줄 아는 지적 능력이 필요합니다.

그러나 간혹 원하는 것을 마음껏 할 수 있도록 두는 것을 교육이라 생각하고, 사회화를 아이들의 욕구를 누르는 인위적인 것으로 여기는 사람들이 있습니다. 다른 이들에게 주는 피해를 가볍게 여기며 방관하기도 하죠. 그러다 보니 서로 불편함을 막으려고 아이들의 출입 자체를 거부하는 '노키즈존'이 생겼습니다. 노키즈존은 아이들이 어른과 함께 사회적 행동을 배우고 학습할 수 있는 기회를 빼앗습니다. 부모가 사회적 공간에서 타인과 공존하는 법을 제대로 가르칠 수 없게 만듭니다.

또한 이런 불편한 시선은 부모가 아이와 자신의 행동을 끊임없이 단속하게 만듭니다. 작은 실수나 행동에도 비난의 눈으로 쳐다보지는 않을지, 불쾌해하지는 않을지 눈치를 봅니다. 하지만 부주의한 아이들이나 그 가족들만 다른 사람에게 피해를 주는 것은 아닙니다. 사실 술을 잔뜩 마신 어른들이 오히려 더 다른 사람에게 피해를 주기도 합니다. 그래도 어른은 술을 마셨든 안 마셨든 출입을 금지당하지 않습니다. 아이들을 처음부터 막아버리기보다 어른에게 하는 것처럼 피해를 끼치기 시작할 때

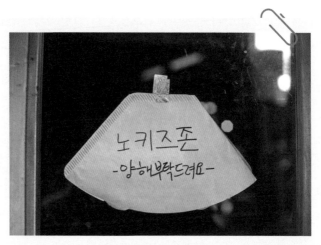

노키즈존, 노시니어존, 노스터디존, 노유튜버존 등 특정 고객의 출입을 제한하는 '노○○존'의 시작은 '노키즈존'이었다.

이용을 제한시키거나 퇴장을 요구하면 될 텐데요. 왜 아이를 동반한 가족, 대체로 엄마들은 들어오기 전부터 어떤 잘못된 행동을 하기 전부터 아예 출입 자체를 금지당하기가 이렇게 쉬울까요? 어린이, 또는 부모는 왜 이런 제재가 부당하다고 주장하지 않을까요? 아니면 주장을 하는데도 그 목소리가 들리지 않는 걸까요?

말대꾸

어른들은 바른말만

하면 말대꾸

싫은 말만 해도

말대꾸

이 말 해도 말대꾸

저 말 해도 말대꾸

괜찮아

나도 어른이 될 거니까

-정은우(당산초등학교 4학년)

은우가 특별히 틀린 말을 했거나, 태도가 잘못되어 비난받는 게 아닙니다.
그러니 은우도 자꾸 화가 나고 자신도 어른이 되면 저렇게 하리라
다짐합니다. 자신이 공격당하고 있다는 생각 때문에 먼저 공격해서 자신을
지키려는 생각이지요.

어린이는 자신의 목소리와 의견을 내는 데 아주 많은 한계를 갖고 있습니다. 표현하는 방식은 서툴고 부족할 수 있지만, 자신의 감정과 생각을 가진 존재입니다. 어른들의 대화 방식이 상식과 기준으로 자리 잡고 있기에 어린이와 대화하는 것은 불편하고 낯설기만 합니다. 어린이와 어른 사이에 힘이 대등하다면 서로 조율하고 조심하겠지만, 권력의 차이로 어린이의 의견은 깔아뭉개지기 쉽습니다.

노인의 요구를 젊은이에게 피해를 주는 '이기적인 것', '아이의 필요를 '사소한 것'으로 여기는 사회라면 어떤 기준으로든 누구든 혐오 대상이 될 수 있습니다. 다른 종류의 혐오가 상대의 특정한 잘못이나 문제로 발생하는 게 아니라, 혐오하는 이들의 터무니없는 기준에 의해 일어나는 것처럼 말이죠.

특정 연령대를 그 자체로 받아들이지 않고 하나의 기준을 사용해서 끌어내리고 비난할 때 '우리'는 더 많은 이익을 얻고 사회의 중심이 될 거라고 생각합니다. 하지만 누군가가 비난당하는 오늘이 지나면, 또 다른 이유로 또 다른 누군가가 비난받는 내일이 옵니다.

나이가 왜?

인종 혐오

인기 그룹 BTS가 2018년 UN총회에서 열린 유엔아동기금(유니세프) '제너레이션 언리미티드Generation unlimited' 행사에서 연설을 했습니다. 영어로 진행된 연설의 주제는 다른 사람이 바라보는 시선에 자기를 가두지 말고 자신의 감정, 생각, 목소리를 인정하고 사랑하자는 것이었습니다. 이 연설에서는 인종race이 아닌, 피부색skin color이라는 단어가 사용되었습니다.

공식적으로 인종은 'race'라는 단어를 쓰지만, 사실 같은 인종이나 민족 안에서도 피부색skin color은 정말 다양합니다. 피부색이 같다고 해서 같은 인종인 것도 아닙니다. 흑인은 다른 인종에 비해 피부색이 어둡지만, 유전과 혈통에 따라 피부색이

갈색, 커피색, 흑단색 등 다양하게 나타납니다. 살아온 배경과 경험이 서로 다른 라틴 계열, 슬라브 계열, 게르만족 등을 같은 백인으로 묶기에는 무리입니다. 그러니 다양성을 고려해서 단어를 선택한 섬세한 연설이었다고 할 수 있습니다.

인종이라는 개념도 이렇게 다양하고 넓은데, 하물며 민족이라는 개념은 얼마나 다양한 의미로 해석될까요? 민족의 정확한 범위를 정하기 어려움에도 불구하고 한국인은 스스로가 단일 민족이라고 생각하며, 다른 민족과 섞이지 않았다는 것 자체로 자부심을 느낍니다. 이런 사고방식은 외국인을 그 자체로 이해하거나 받아들이기보다 낯설고 불편한 존재로 여기며, 때로는 '제대로 된 한국인'으로 동화시켜야 하는 존재로 보게 됩니다. 코로나19 때처럼 안정된 일상이 무너진 시기에는 외국인 중 특정 집단이 위험한 범죄자로 왜곡되기도 합니다. 국가, 민족, 문화 차원에서 동질성을 지니지 않은 외부인을 대상으로 국적, 피부색, 민족에 따른 '인종 혐오'가 발생합니다.

우리는 정말
'단일 민족'인가요?

한국인들은 오랫동안 스스로를 순수한 혈통의 단일 민족이라고 생각해 왔습니다. 언어도 하나, 민족도 하나라고 생각한 거죠. 2021년 법무부 통계에 따르면 국내 거주 외국인이 195만 6781명으로 전체 인구 5163만 8809명의 3.79%에 해당합니다. 한국이 세계 다른 국가와 비교할 때 상대적으로 단일한 민족 구성의 단일 민족 국가에 가깝다고 할 수는 있습니다.

하지만 기록을 보면 일제 강점기까지 '민족'이란 용어는 많이 썼지만 '단일 민족'이란 용어는 잘 사용하지 않았습니다. 오히려 여러 민족이 혼혈된 구성이라고 파악해 왔습니다. 우리나라 설화를 보더라도 신라 시대 수로왕계 김해 김씨, 김해 허씨의 기원은 인도계였습니다. 신라 시대 장보고는 페르시아, 아랍 및 인디아 지역과 교역했고, 고려 시대에도 예성강 하류에 외국인이 들락날락했습니다. 9~10세기 아랍의 역사서에는 신라에 간 아랍인들이 신라에 정착하여 사느라 돌아오지 않았다는 기록이 있습니다. 한민족은 고대로부터 여러 민족이 교류하며 형성되었습니다.

단일 민족이라는 용어는 1945년 광복 이후 희망에 찬 국민에게 새로운 시작을 약속하고, 국민을 하나로 결집시키기 위해 본격적으로 쓰였습니다. 민족과 국가의 자부심을 일으켜 세우려고 단일성이 강조되었죠. 하지만 오늘날 다른 민족과 섞이지 않았으니 더 우수하다고 여기는 민족이나 국가는 찾아보기 어렵습니다. 잉글랜드는 브리티시 백인으로 불리는 좁은 의미의 백인이 전체 16개 종족 중 83.6%(2005년 기준) 정도로 다른 유럽 국가들에 비해 많습니다. 하지만 브리티시 백인의 비율이 높다고 해서 단일 민족이라고 생각하지 않습니다. 이미 2000년이라는 오랜 역사를 통해 노르만족, 북방 게르만족, 앵글로색슨족, 로마인, 켈트족 등 다양한 이주민들이 섞여서 만들어진 혈통이니까요.▶ 1066년 노르만족 혹은 바이킹이라 불리는 윌리엄이 잉글랜드에 와서 왕이 된 이후에는 대규모로 섞인 일이 없지만, 브리티시 백인이 혈통적으로나 민족적으로 단일하다는 표현은 쓰지 않습니다.

법과 제도는 누구를
한국인이라고 할까?

우리나라에서 한 해 결혼하는 부부 가운데 10%가 외국인이 배우자입니다. 1997년 12월 '부모 양계 혈통주의'로 법이 개정되기 전까지만 해도 우리나라는 '부계 혈통주의'에 따라 자녀의 국적이 아버지의 국적에 따라 결정되었습니다. 그러니 어머니가 한국인이고 아버지가 외국인인 아이는 외국어 한 마디 못하더라도 외국인이 되었습니다. 외국인은 원칙적으로 대한민국

1997년 11월에 태어난 마리아

한국인 아버지　외국인 어머니

한국인이에요

1997년 11월에 태어난 안드레

외국인 아버지　한국인 어머니

한국인이 아니에요

의 공무원이 될 수 없고, 거주 이전의 자유, 직업 선택의 자유, 재산권, 선거권 및 피선거권, 국가 배상 청구권 및 사회적 기본권 등을 누릴 수 없거나 제한받습니다. '부모 양계 혈통주의'로 바뀌면서, 1998년 6월 14일 이후 출생자부터 출생 당시 부모 중 한 사람이라도 한국인이라면 자녀는 한국인이 되었습니다.

출산이 아닌 이주의 경우에도 어디까지를 한국인으로 규정할지 고민입니다. UN에서는 외국에서 1년 넘게 머물면 '이민자'라고 부릅니다. 많은 국가가 외국에서 이주해 와서 장기간 거주한 이민자에게 다양한 기준을 적용해서 자국민으로 분류하기도 합니다. 그러나 현재 한국에는 '이민'이라는 법률 용어가 없습니다. 이주 노동자, 결혼 이주민, 유학생, 귀화 한국인만 있습니다.

이주 노동자는 3년이 지나면 질병 등 특별한 사정이 없는 한 무조건 출국해야 합니다. 재고용이 되었다 해도 1년 이상 출국했다가 다시 들어와야 하죠. 그러니 이주 노동자는 한국에서 합법적으로 장기 체류하기 어렵습니다. 구직 등록 기간을 넘기거나 체류 기간을 초과하면 미등록 이주 노동자, 소위 말하는 불법 체류자가 되어 추방 대상이 됩니다.

체류 허가를 받지 못한 부모 아래서 태어나 외국인 등록을 하지 못한 미등록 이주 아동은 출생 신고가 불가능합니다. 해외에서 들어와 나가지 않은 아이는 5천 명이 넘고, 한국에서 태어난 아이를 합하면 미등록 이주 아동은 2만 명 정도로 추정되는데, 출생 신고 내역이 없으니 '있지만 없는' 사람이 됩니다. 미등록 이주 아동은 일반적으로 받아야 하는 복지를 누리기 어려워 인권 사각 지대에 놓여 있습니다. 건강 보험에 가입할 수 없어 아플 때 적절한 치료를 받기 어렵고, 보육료를 지원받지 못하고, 자격증 시험 응시도 차단되는 등 교육권도 침해받습니다.

국적이 중요한가요?

JTBC 〈비정상회담〉에 출연하며 방송인으로 유명해진 미국인 마크 테토는 고풍스러운 한옥에 살면서, 다양한 전통 예술품을 수집합니다. 반닫이, 함, 조선 시대 책장 등을 구입하고, 전통 차를 마실 수 있는 반상, 좌탁 등을 직접 만들기도 합니다. 국립중앙박물관을 후원하면서 외국에 반출되었던 우리 고유의 문화유산을 찾아오는 일에도 열심이고, 한국 문화와 작가를 전 세계에 알리기 위해 한국어와 영어 두 가지 언어로 SNS에 글을 씁니다. 한국인보다 더 한국어를 잘하고, 한글로 신문에 칼럼을 쓰고, 한국 미술, 공예 문화에도 조예가 깊은 '미국인'입니다.

방송인이자 유튜버인 '콩고 왕자' 조나단은 콩고 민주 공화국에서 망명한 아버지를 따라 한국 나이로 초등학교 2학년 때 한국에 입국했습니다. 콩고의 공용어인 프랑스어는 잘하지만 영어는 최근에서야 배우기 시작했습니다. 한국어를 가장 잘하고 한국어가 가장 편하고, 기도도 한국어로 하고, 프랑스어를 할 때도 한국어로 먼저 해석을 거치고, 꿈도 한국어로 꾼다고 합니다. 조나단은 한국 국적으로 귀화를 신청했지만 아직은 처리 중인 상태라고 합니다.

외국 국적을 가졌지만 한국을 사랑하는 마크 테토와 조나단

'2022박물관·미술관 주간' 홍보 대사 마크 테토

2022멜론뮤직어워드 레드카펫 행사에 참석한 방송인 조나단과 파트리샤

은 '우리'인가요, '우리'가 아닌가요?

아이돌 그룹 중에는 복수 국적을 가진 멤버가 꽤 있습니다. 아버지가 대만 화교이고, 어머니는 한국인으로 귀화해서 태어나면서 대만과 한국, 두 개의 국적을 가진 아이돌도 있고, 부모가 한국인인데 뉴질랜드에서 태어나서 뉴질랜드와 한국, 두 개의 국적을 가진 아이돌도 있습니다. 그런데 한국 내 반反중국 정서가 커졌을 때, 대만 국적을 가진 아이돌은 애꿎은 뭇매를 맞았습니다.

"우리나라 사람도 아닌데, 왜 설치냐!"

반면 뉴질랜드 국적을 가진 아이돌에게는 이런 황당한 일은 일어나지 않았습니다. 어떤 핏줄을 가진 외국인이냐에 따라 한국 사회의 반응이 달라지는 이유는 무엇일까요? 왜 어디 국적이 중요한 문제가 되는 걸까요?

화교에 대해
들어봤나요?

예부터 해외에 이주하여 자리를 잡고, 장사를 하며, 지역 간 네트워크를 통해 활발히 정보를 주고받던 중국인들이 있었습니다. 이들을 화교華僑 또는 화상華商이라고 불렀습니다. 중국과 국경선을 맞대고 있는 조선도 예외는 아니었습니다. 1800년대 말 개화기 조선에는 중국에서 이주해 온 많은 이들이 상업에 종사하며 뿌리를 내렸습니다. 이들은 일제 강점기 때는 조선인들과 마찬가지로 일본에 대항하는 의용군을 조직했고, 한국 전쟁 때는 북한과 연합하여 쳐들어온 중국(중공, 중화인민공화국)에 대항하여 싸웠습니다. 한국 전쟁 이후 남한과 수교를 맺은 대만이 이들에게 국적을 가질 수 있도록 허용해 주었기에, 화교들의 국적은 대만이 되었습니다. 해방 이후 오랜 시간 동안 정부의 억압 정책으로 인해 특정 직업에만 종사하거나 소유할 수 있는 재산의 규모도 제한받았지만 한국에 삶의 터전을 잡아 노동도 하고, 세금도 내고 있습니다. 귀화한 사람도 많으며, 오랫동안 체류하여 지방 선거에서 투표를 하기도 합니다.

이주 노동자 때문에
일자리가 없어진다!

2022년 1월, 현대산업개발이 시공 중이던 신축 아파트 23, 24층의 외벽이 붕괴하는 사고가 있었습니다. 건축에 들어가는 돈을 최소화하기 위해 무리하게 더 싼 협력 업체에게 업무를 의뢰한 게 문제였습니다. 이 과정에서 질이 낮고 안전을 보장할 수 없는 원자재를 사용하거나, 공사 기간을 단축하거나, 최소한의 인력으로만 공사를 진행하는 등 각종 근본적인 문제가 쌓였기 때문입니다. 구청에 제출한 계획서대로 작업이 진행되지도 않았고, 심지어 사고 두 달 전 주민들이 붕괴 위험에 대한 민원을 넣었음에도 건축 현장을 점검하지도 않았습니다.

그런데 이 사건과 관련해 많은 기사들이 다음과 같은 타이틀을 쏟아냈습니다.

'외국인이 타설하는 1군 브랜드 아파트 만족하시나요?'
'미숙련 외국인들이 타설 속도전… 붕괴 직후 잠적'
'검증 안 된 외국인 인부 8명이 묻지 마 타설'

내가 살고 있는, 심지어 누구나 살고 싶어 하는 유명 브랜드 아파트가 건설 과정에서 갑자기 무너져 내리면 몹시 불안해집니다. 그러니 잘못한 대상을 찾아 정확한 원인이나 책임을 묻고 싶어집니다. 하지만 공사 결정 과정에서 이주 노동자들은 아무런 영향을 미치지 않았습니다. 단순히 공사 현장에 채용되어 일하고 있었을 뿐입니다. 이주 노동자는 그저 만만하게 비난할 수 있는 대상이었기 때문에 사고 원인으로 지목당했습니다.

2022년 통계청 이민자 체류 실태 및 고용 조사 결과에 따르면 제조업·농업·어업 분야 저숙련 노동에 종사하는 외국인 취업자는 84만 명이 넘습니다. 내국인 취업자가 100명일 때 외국인 취업자는 3명 정도라고 보면 됩니다. 외환 위기 이후 한국 경제가 어려워지고 기계화, 자동화로 인해 산업 전반에서 채용 규모가 줄어들면서 이주 노동자를 비난하는 목소리가 높아졌습니다.

"한국인들도 취업이 힘든데 외국인들 때문에 일할 수 있는 기회가 더 줄어든다!"
"외국인 노동자들 다 추방해야 한다!"

건설업의 경우 **한국계 중국인**을 중심으로 구성된 현장팀 비율

✦ **한국계 중국인** 중국에 살고 있는 중국 국적의 한민족으로, 중국에서 쓰는 공식 명칭은 조선족

이 늘어나면서 한국인 건설 노동자가 일할 기회를 놓치거나 낮은 임금을 감수해야 하는 상황이 벌어지는 것은 사실입니다. 그러나 낮은 임금을 받는 근본적인 원인은 무리한 원가 절감을 통해 경쟁력을 확보하려는 건설사들이 다단계 불법 하청을 많이 하면서 임금 자체를 크게 낮추어 놓았기 때문입니다.

농업, 중소 제조업 등 단순 반복적이고 힘든 업무가 많은 현장에서는 이주 노동자 없이는 산업을 유지하기 어렵습니다. 장시간 노동, 열악한 노동 환경에서 일하고자 하는 국내 노동자를 구하기 힘드니까요. 코로나19가 발생하자 외국 인력이 크게 줄었고 이를 충당하기 위해 일당을 두 배 가까이 늘려도 일할 사람을 구할 수 없어 어려움을 겪었습니다.

전문 인력 시장은 좀 다를까요? 외국인 전문 인력 노동자, 외국인 투자 기업 임직원 등은 한국 입장에서는 초빙된 인재들입니다. 한국인의 일자리를 빼앗는 집단이라 말하기 어렵죠. 정부가 10년 전부터 글로벌 인재 유치 및 채용을 위해 많은 노력을 해왔지만, 성과는 상당히 미미한 편입니다. 한국에서 장기간 체류하는 외국인은 60% 늘어났지만, 전문 인력 체류자는 2020년 기준 4만 3천 명으로 2010년보다 오히려 줄어들었습니다.▶

그러니 저숙련이든 전문 인력이든 외국인 때문에 한국인 채용이 힘들어진다는 말은 사실과 다릅니다. 2023년 출산율이

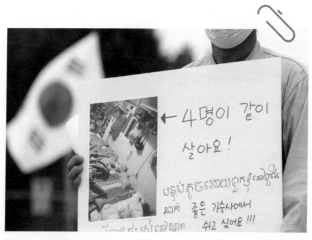

이주 노동자 기숙사 대책 마련을 촉구하는 기자 회견. 2020년 캄보디아 이주 노동자 A씨가 한파를 견디지 못하고 비닐하우스 숙소에서 사망했다.

0.7로 떨어진 상황에서 외국인 유입은 노동뿐만 아니라 한국 사회 유지를 위해서도 필요합니다. 외국인 근로자가 한국인의 일자리를 빼앗는 것이 아니라, 한국의 노동 시장을 보완하고 있는 것입니다.

그런데도 이들의 노동 환경은 매우 열악하고 비인간적이기까지 합니다. 계약서에는 없는 노동을 시키거나, 제대로 임금을 주지 않는 경우도 있습니다. 농어업에 종사하는 이주 노동자 열 명 중 일곱 명이 비닐하우스나 조립 패널로 만든 임시 건물에서 거주합니다. 이런 숙소는 난방 시설, 상수도 시설이 별도로 없는 경우가 대부분입니다. 이주 노동자 숙소 기준이 2021년에 강화되기는 했지만, 영세하거나 토지를 빌려서 농사를 짓는 농가 입장에서는 지키기 어려운 기준입니다.

노동 현장만이 아닙니다. 잠재적 노동자가 될 수 있는 외국인 유학생도 한류의 확산, 한국 기업의 해외 진출, 정부와 대학의 적극적인 유치 활동 덕분에 크게 늘어나고 있습니다. 2016년 기준 10만 명이 넘는 외국인 유학생이 한국에서 공부하고 있고, 이 중 85% 가까이가 공부하는 데 드는 비용을 스스로 부담하고 있습니다. 이는 한국의 대학과 사회에 재정적으로 도움이 됩니다. 그럼에도 불구하고 한국의 대학에 재학 중인 외국인 유학생들 중 절반은 외국인이라는 이유로 차별받은 경험이 있다고 응답했습니다.▶

의무는 안 하고 혜택과 권리만 달라는 거 아닌가요?

"이주 노동자는 세금을 내지 않고 한국에 기여한 바가 없다."

2019년 논란이 되었던 어느 정치인의 발언입니다. 이주 노동자가 정말 세금을 내지 않을까요? 2018년 국세청이 발표한 자료에 따르면 2017년 장기적으로 일하는 외국인 근로자 55만 8천 명이 근로 소득세 7707억 원을 냈습니다. 하루 단위나 단기간으로 일하는 이주 노동자는 49만 9천 명으로 이들의 소득세는 700억 원입니다. 2017년부터 2021년 동안 고용 허가제 비자로 입국한 이주 노동자가 낸 건강 보험료는 혜택받은 보험료보다 더 많고, 2021년 전체 외국인을 대상으로 보면 혜택받은 보험료보다 낸 보험료가 5125억 원 더 많습니다.▶

2010년부터 1992년 이후에 태어난 이들은 인종이나 피부색에 상관없이 병역의 의무를 다하도록 병역법이 개정되었습니다. 2019년 기준 3천 명이 넘는 다문화 장병이 군복무 중이고, 2028년이 넘으면 연평균 8천여 명의 다문화 가정 청년이 징병 검사 대상자가 됩니다.▶ 그러니 이 정치인의 발언은 사실이 아닙니다.

2006년 5월부터 영주권을 취득한 지 3년이 지난 외국인은 거주 지역의 대표(지방자치단체 대표) 선거에서 투표권을 갖게 되었습니다. 지방 선거의 선거권은 자신의 권리를 보호해 줄 수 있는 대표를 뽑도록 그 지역에 거주하는 이들에게 주어집니다. 영국, 독일, 프랑스, 호주 등 전 세계 45개 국가가 외자 유치 및

이민 유도를 위해 영주권자나 특정 국적자에게 제한적으로 참정권을 부여하고 있습니다. 주민 자치의 정신에 의거하여 지방 선거에 한해 거주 요건을 갖춘 외국인에게 선거권을 주는 것은 이상한 게 아닙니다. 그러나 외국인이 투표권을 일부 행사하는 상황에 대해 많은 한국인들은 분노합니다.

"투표권을 줬다가 국익을 해치면 어떡하나?"

아직까지 지방 선거에서 외국인이 미치는 영향은 미미합니다. 2018년 지방 선거에서 외국인 선거권자는 전체 선거권자의 0.25%에 불과했고, 실제로 투표한 외국인은 1만 4300여 명에 그쳤습니다. 당시 전체 유권자 2584만여 명의 0.06%에 불과합니다.▸

외국인 범죄자가
급증한다는데

2018년 예멘 난민 약 500여 명이 내전을 피해 제주도에 입국했습니다. 비자가 없어도 3개월간 체류가 가능한 제주도 직항 비행기가 2017년 12월에 개설된 게 주요 이유였습니다. 2018

년 484명의 예멘인이 난민 인정 신청서를 냈고, 414명이 정식으로 제주도에 살게 되었습니다. 이 중 2명만이 난민으로 인정받았고, 다른 이들은 인도적 체류 허가자로서 1년에 한 번씩 체류 연장을 심사받는 신분입니다. 이들은 거주지를 변경할 때마다 변경 신고서를 내야 하고, 가족과 체류할 수 없으며, 사회 보험 혜택은 전혀 받을 수 없는 등 많은 제약을 받습니다.

많은 한국인들은 안전 문제, 문화적 갈등을 근거로 예멘 난민의 입국을 거부하고 난민 신청 허가를 폐지하라며 시위를 벌였습니다. 그들이 한국의 저임금 일자리를 빼앗으러 온 가짜 난민이라며 혐오 발언이 쏟아졌습니다.

이슬람 난민은 테러 집단 아닌가.

예멘 인구의 90%가 이슬람교를 믿는 무슬림입니다. 역사적으로 이슬람 극단주의자들이 일으킨 테러로 많은 이들이 희생당한 건 사실입니다. 다만 극단적 무슬림과 그렇지 않은 무슬림을 구분하는 기준도 없이 공포심으로 인해 모든 이슬람인을 극단주의자로 일반화하면 반이슬람 정서가 퍼져나갑니다. '이슬람 공포증'을 직면하지 못하면, 무슬림에 대한 차별과 혐오 논리가 더 단단해집니다.

또한 외국인 범죄자가 늘고 있다는 주장은 사실일까요? 2017년 통계에 의하면 10만 명당 피의자 현황은 내국인이 3636명, 외국인은 1654명으로 내국인보다 외국인의 일반 범죄가 더 적습니다.▶ 살인, 강도 등 강력 사건의 비율은 외국인이 높지만 단순노동을 하는 20~50대 남성 비율이 많은 걸 감안해야 합니다. 외국인 살인 범죄는 대부분 외국인 밀집 지역 내 주점 등에서 음주 후 발생하는 자국인 간 살인이 다수이고, 국민들이 걱정하는 내국인 상대 범죄는 거의 없었습니다. 그럼에도 불구하고 각종 매체를 통해 중국인, 동남아시아인, 무슬림 등 일부 집단들에 대한 편견과 혐오가 퍼져나갑니다. 이를 접하면서 잘못된 인식과 해석이 굳어집니다. 외국인이 혐오당할 만한 것이 아니라, 우리가 외국인 자체를 혐오하는 것이 문제입니다.

혐오를
넘어서

3

혐오하는 감정은 내 안전에 대한 두려움에서 시작됩니다. 타인이나 다른 집단이 내 경계에 들어와서 나를 해칠까 봐 두려워하는 마음입니다. 하지만 혐오의 기준은 수도 없이 다양하기에 누구나 혐오의 대상이 될 수도, 반대로 혐오하는 사람이 될 수도 있습니다.

내가 이 사회에서 안전함을 느끼려면 다른 이를 혐오하고 끌어내리기보다 나를 지켜주는 내 경계를 발견하고 건강하게 세워나가야 합니다. 나를 보호하는 울타리가 단단하다면 울타리 밖 옆집을 공격할 필요를 못 느낍니다. 내 안전과 내 경계를 차근차근 형성해 나간 사람이라야 비로소 다른 사람의 안전과 경계도 중요하다는 것을 인정하고 존중할 수 있습니다. 내 경계 안에서 더 많은 우리가 보호받을 수 있도록 내 경계를 넓힐 수도 있습니다.

'나'라는 집 짓기, 내 경계의 이해

내가 어떤 사람인지, 내가 무엇을 할 때 행복한지, 내가 지금 정확히 어떤 감정인지 잘 알수록 자기 경계가 건강한 사람입니다. 자기 경계가 건강한 사람은 다른 사람의 평가와 조언을 스스로 판단해서 통과시키기도 하고, 듣기도 합니다. 다른 사람이 내 감정과 느낌에 대해 '네가 예민한 거야', '내가 아는 너는 이런 사람 아닌데?'라고 말할 때 '나는 네가 이러면 불편해'라고 명료하게 말할 힘이 생깁니다. 내가 지켜야 할 내 비밀을 다른 사람에게 털어놓지 않을 수 있는 힘도 건강한 경계에서 나옵니다. 내 진짜 마음과 생각을 알고, 진심으로 행동할 수도 있기 때문에 내 거짓말이 들통날까 봐 두려워 버럭 화내기보다 미안하다고 말할 수 있게 됩니다.

자기감정과 생각을 모른다면 고통스럽고 두려운 나머지 혐오를 멈출 수 없기도 합니다. 흙탕물을 가만히 놔두면 흙먼지가

가라앉고 맑은 물이 드러나는 것처럼 나를 비난하지 않고 있는 그대로를 봐주면 내 진심이 보이기 시작합니다.

내가 지금 왜 이러는 거지? 지금 힘든 건가? 슬픈 건가? 외로운 건가?

내 마음과 생각, 감정을 한심해하거나 비난하지 말고, 뭐 어떠냐며 뻗대거나 우기지도 말고 그냥 고요히 봐줄 수 있다면 내가 느끼는 불편함, 아픔에 대해서도 자책하지 않을 수 있습니다. 그때 비로소 내가 달라지고 싶은 대로 노력할 수 있는 힘도 생겨납니다.

상대방의 어떤 감정이든, 어떤 약점이든 평가하기보다 '네가 그렇구나' 하며 상대의 경계를 존중할 수 있다면 상대가 느끼는 불편함에 대해 분노하거나 반박하거나 무시하거나 비난하지 않을 수 있습니다. 네 감정과 약점은 네 것이고, 내 생각과 가치는 내 것이니까요. 겉모습과 하는 말만 보면 너와 내가 너무나도 안 맞지만, 깊은 곳에 있는 생각과 가치를 들어보면 생각보다 서로 많이 닮아 있다는 걸 알게 됩니다. 내가 숨기고 싶은 부분을 들킬까 봐 두려워하기보다 보여줘도 괜찮겠구나 안심이 됩니다.

다른 사람과 나를 넘나들며 내가 어떤 사람인지 이해하고 발견하는 과정은 예상치 못한 두려움이 닥쳐왔을 때도 내가 안전하다는 믿음을 심어줍니다. 다른 사람과 내가 어떻게 다른지 알게 되면 다른 사람의 경계를 존중하고 그 선을 함부로 넘지 않는 건강한 관계를 만들 수 있습니다. 다른 사람과 내가 어떻게 비슷한지 알게 되면 나만 문제고 내가 좀 유난스러운 건 아닌가 싶었던 마음이 편해지기도 합니다. 그렇게 나에게도 너에게도 너그러워집니다.

다양한 사람을 직접 만나거나 좋은 책을 보면서 다른 사람과 내가 얼마나 다를 수 있는지, 어떻게 다른지 발견하는 과정을 통해 차근차근 내 경계를 만들어갈 수 있습니다.

〈인사이드 아웃〉의 다섯 친구

애니메이션 〈인사이드 아웃〉을 아시나요? 라일리가 행복하길 바라면서 기쁨이, 슬픔이, 버럭이, 소심이, 까칠이, 다섯 감정들은 감정 컨트롤 본부에서 열심히 일합니다. 기쁨이가 제일 좋은 감정 같지만 사실 기쁨을 잘 느끼기 위해서는 나머지 감정도 제때 활동할 수 있어야 합니다.

슬픔이 난 무언가 떠났을 때, 원치 않은 경험을 했을 때 괴로움을 표현해. 표현해야 마음이 아물거든.

소심이 두렵고 불안한 내가 있어서 위험할 때 조심도 하고 미리미리 준비하기도 한다고.

버럭이 내 맘과 몸이 침범당하면 화를 내야 나를 지키지. 안 그래?

까칠이 뭔가가 싫고 투정을 부리는 마음은 괜히 생기는 게 아냐. 다 이유가 있는 거라고.

슬픔이는 친구가 떠나갔을 때나 자신이 원치 않는 일을 경험하게 될 때 느끼는 괴로움을 표현하는 감정입니다. 울거나 슬퍼함으로써 자신이 얼마나 그 친구를 소중하게 여겼는지 깨달을 수 있고, 그 과정을 통해 마음이 아물어갑니다. 피부에 큰 상처가 났을 때 아프지 않다면 치료를 놓칠 수 있듯, 슬픔을 느낄 수 없다면 마음이 아픈 자신을 돌볼 수 없게 됩니다. 그러니 슬픔은 안 느끼는 게 좋은 부정적인 감정이 아니라, 우리를 지켜주는 꼭 필요한 감정입니다.

소심이는 안전함을 중요하게 생각합니다. 두려움과 불안을 느끼게 해서 위험한 일을 하지 않도록 하거나, 낯선 곳이 안전한지 살펴보고 자신을 지키도록 해줍니다. 건강한 불안은 우리가 시험이나 발표, 중요한 일을 잘 준비할 수 있도록 도와줍니다. 그러니 불안은 우리를 안전하게 지켜주고, 발전하고 성장할 수 있도록 도와주는 감정입니다. 하지만 과도한 불안은 우리를 아무것도 하지 못하게 만들 수도 있기에 우리 몸이 불안하다고 이야기하는 목소리에 귀 기울여주고 무엇 때문에 불안한지 물어보면서 자신의 불안을 돌보고 들여다봐야 합니다.

버럭이는 어떤 역할을 할까요? 버럭이는 내가 마음이 상했을 때 화를 내는 역할을 합니다. 내 마음과 몸이 침범당하고 있음을 느낄 때 분노하여 나를 지켜줍니다. 그런데 우리 사회는 분노라는 감정을 위험하고 부정적인 감정으로 여기기 때문에 분노를 제대로 표현하는 법을 배우지 못했습니다. 그래서 분노를 느낄 때 적절히 화내기보다 그냥 넘어가버리기도 합니다. 이러면 상대는 내가 괜찮은 줄 알고 계속 괴롭힐 수 있습니다. 혹은 화를 엉뚱한 곳에 내거나 내 감정보다 더 과하게 표현하기도 하는데, 이러면 나에게도 상대에게도 상처가 될 수 있습니다.

까칠이는 싫다고 느끼는 마음, 짜증 나는 마음입니다. 버럭이와 달리 짜증은 예상했던 것보다, 평상시보다 더 과한 반응이 나오는 것입니다. '저 말 불편한데?', '난 이 음식이 싫은데' 하며 투정을 부리는 마음이기도 합니다. 화를 내기 전에 한번 멈춰서 평상시 나였으면 어땠을까 생각해 본다면 짜증과 분노를 구분

하고 건강한 내 감정대로 행동하고 반응할 수 있습니다.

각각의 경계 안에 있는 버럭이, 까칠이, 소심이, 슬픔이는 모두 누구의 탓이거나 잘못이 아닌, 누구나 가진 정당한 감정입니다. 모든 감정에는 다 이유가 있고 일리가 있으니 나와 너 각자의 경계 안에 있는 감정을 찬찬히 들여다보고 인정해 주세요.

침범하지 않기!

건강한 세포는 생장하면서 생명 활동을 조절합니다. 아무것도 흡수시키지 않고, 아무것도 내보내지 못하는 세포는 죽은 세포입니다. 다른 사람과의 경계가 너무 경직되어 있으면 아무도 내보내지 않고, 아무 정보도 받아들이지 않는 고집스러운 사람이 됩니다. 원래 만나던 사람, 원래 당연하다고 여기던 기준 외 다른 것은 알아보려 하지 않기에 당장은 안전하다고 느낄 수는 있습니다. 하지만 우리는 예상치 못한 일, 생각과는 다른 상황, 완전 처음 경험하는 일 앞에 수없이 놓입니다. 그때 나는 건강한 세포 같을 수 있을까요?

　반대로 경계가 너무 활짝 열려 있으면 너무 많은 정보와 판단, 가치와 기준을 들여보내 사회의 평가와 판단이 나 자체라고 여기게 됩니다. 나는 그 집 라면이 맛없었지만 다들 맛있다고 하니 내가 이상한 건가 싶어 그냥 참고 먹게 됩니다. 나는 정말 좋아하는 음악이지만 다들 싫어하니 눈치가 보입니다. 자기 생각, 자기 주관, 자기표현이 없는 무념 무색의 사람이 되어 어디서나 잘 섞이고 편한 사람 같지만 그 속에서 나는 점점 사라집니다. '자기가 무엇을 좋아하는지, 무엇을 할 때 행복한지 아는 사람' 이 매력 있습니다.

"난 이런 거 불편해, 내 생각을 존중해 줘."

경계가 유연한 사람은 이렇게 말할 수 있습니다. 상대방이 분노하거나 항의할 때 '네 마음이 그랬구나, 나랑 너무 달라서 이해하는 데 시간이 좀 걸리니 기다려줘'라고 말할 수 있습니다. 공동체가 된다는 건 파란색, 초록색, 검정색이 다 노란색을 닮아가는 사회가 아닙니다. 노란색, 파란색, 초록색, 검정색도 그대로 받아들이는 사회에서 각자의 색은 다 의미 있습니다. 다양한 나무들이 모여서 다채롭고 아름다운 숲이 되듯 각자가 가진 의미가 가치 있게 여겨지는 사회가 건강한 공동체입니다.

이런 사회에서는 내 약함도 '그래도 괜찮은' 모습이 됩니다.

우리 누구나 완벽함에서 한참 거리가 멀고, 부족한 모습이 많습니다. 다른 이의 약함에 대해 평가하거나 계산하지 않고 그저 받아들여 주는 사회에서 나의 부족함은 공격의 대상이 아닌 또 다른 모습에 불과합니다. 그러면 누구나 '부족해도 괜찮구나'라며 긴장을 풀고 살아갈 수 있게 됩니다.

말하기 전에 생각했나요?

다른 사람을 놀리고, 비난하는 친구들에게 이유를 물어보면 '재미있어서'라고 대답하는 경우가 많습니다. 놀리고 비난하는 말, 웃기는 짤들을 퍼 나를 때 거기 담겨 있는 의미를 생각하기보다 우선은 친구들이 피식피식, 와르르 웃어주니 기분이 좋다는 겁니다.

그럼 한번 생각해 볼까요? 재미있으면 좋은 사람, 인기 많은 사람이라는 의미일까요? 재미가 없으면 나쁜 건가요? '재미있음'에 몰두하다 보면 말실수할 때가 많습니다. 그럴 마음은 아니었는데도 이른바 '선을 넘을' 때가 있습니다. 남을 놀리거나, 나를 놀려서라도 재미있는 말을 하고 분위기를 띄워야 할 것 같은 압박을 느끼거든요. 그래서 열 올리며 농담 따먹기, 웃긴 짤들 올리기를 계속합니다.

안타깝게도 비난과 미움, 혐오를 담은 단어들은 유머로 포장되는 경우가 많습니다. 비난에 유머가 더해지면 감정적인 파급력이 커지거든요. 마구 뱉어낸 그 말에 한두 명이 웃기 시작하면 결국 다른 사람들도 와르르 웃게 됩니다. 유머가 더해진 비난을 받으면 아무리 화가 나도 저항하기 어렵습니다. 예민하게 군다며 비웃음을 당하거나, 화가 난 자신을 이상한 사람으로 여기며 스스로를 자책하게 됩니다. 분위기가 싸늘해질까 봐 불편한 마음을 말하기도 어렵습니다. 다들 웃어넘기는데 혼자 속상해하는 티를 내는 것도 창피하고요. 어쨌든 다들 웃어넘겼으면 된 걸까요?

타인에게 위협을 가하고 사회적으로 배제되는 혐오 행위는 세련되고 타당해 보이는 논리로 포장된 혐오 표현을 앞세우고 있습니다. 혐오 표현이 허용된다면 그만큼 혐오를 실제 행동으로 옮길 수 있는 차별은 일상이 될 겁니다. 신분이 불확실한 이주자를 추방한다고 우리의 안전이 지켜지는 것도 아니고, 이주 노동자가 많아져서 청년들의 취업이 어려워진 것도 아니며, 세월호 유족에게 과도한 보상을 해서 국가의 재정난이 심해진 것도 아닙니다. 여성을 지원하는 각종 제도 때문에 청년 남성들이 느끼는 취업난이 절박해진 것도 아닙니다. 저출산은 동성애자들 때문에 생긴 문제가 아니고요.

예멘인 수용 결정 반대 집회(위), 불법체류자 추방 및 난민법 폐지 촉구 집회
(아래)

어려움을 느끼고, 경계심을 갖는 것 자체는 자연스러운 일입니다. 또한 자신의 요구를 관철시키기 위해 투쟁하고 목소리를 높일 자유는 우리 모두에게 있습니다. 그러나 문제를 개선할 책

임이 있는 사람에게 해결책을 요구하거나 진짜 원인을 찾기보다, 자신보다 더 약한 사람을 희생양 삼아 혐오하는 것은 결코 문제를 해결할 수 있는 방법이 아닙니다.

차별금지법, 차별을 금지해요

사회가 복잡해지면서 다양한 유형의 '사회적 약자'가 생겨납니다. 이들에 대한 차별 및 혐오가 허용될 때 사회 전체적으로 폐해가 발생하죠. 따라서 차별과 혐오로부터 개인과 사회를 보호하기 위해 헌법상 기본권 중에 '평등권' 규정을 두고, 차별 행위의 기준, 대상, 범위, 차별 행위 발생 시 처벌 규정 등을 하위법으로 규정합니다.

모든 사람은 다른 이의 동일한 자유를 침해하지 않는 한도 안에서 자신의 자유를 추구할 권리가 있습니다. 그래서 불리한 상황에 놓여 있는 이들이 자신의 자유를 추구할 수 있도록 법적으로 보호해 줍니다. 이들이 힘이 없다는 이유로 억울함을 호소할 권리나 자기 정체성을 드러내며 살 수 있는 자유를 빼앗기지 않도록 차별을 법적으로 금지시키는 겁니다.

2007년에 법무부가 차별금지법 입법 예고를 했지만 일부 종

차별금지법

교 단체의 반발로 무산되었습니다. ▶ 차별금지법에 성적 지향
을 이유로 차별하는 것을 금지하는 조항을 문제 삼았습니다. 동
성애에 반대하는 종교적 입장을 표명하는 것을 금지해서는 안
된다는 주장입니다. 종교의 자유를 보호받기 위해 성적 지향에
대한 비난, 혐오와 차별을 허용해 달라는 목소리도 있었습니다.
물론 종교의 자유에 입각하여 어떤 생각을 가질 수는 있습니다.
그러나 종교의 자유라는 이름으로 학교나 회사에서 동성애자에게 불이익을 허용할 수 있을까요? 자신이 믿는 종교의 자유라는 명목으로 사회에서 사람을 차별하고 부당하게 대우해도 되는 걸까요?

차별금지법이 제정되면 동성애 성적 지향을 반대하는 발언을 하는 것 자체만으로도 처벌받게 된다는 오해도 있습니다. 그러나 차별금지법은 사회적 약자들이 불이익을 받지 않도록 차별을 금지하는 것이지, 발언만으로 처벌하는 것은 아닙니다. 형사 처벌은 보복적 행위에만 이루어집니다.

또한 차별금지법은 성적 지향이나 인종 등 우리 사회에서 특별히 민감한 주제만을 대상으로 하지 않습니다. 어떤 기준에서도, 어느 누구도 차별받지 않는 사회를 만드는 데 목적이 있습니다. 실제 차별과 혐오 표현을 해서 불이익을 주었을 때 처벌을 받고, 피해자는 구제를 받을 수 있는 법적 근거입니다.

'나'의 경계 넓히기!

사회와 개인은 어떤 관계일까요? 개인을 사회가 요구하는 역할을 하는 부속품 같은 도구로 볼 수도 있고, 사회 구조의 변화에 영향을 받는 작은 존재로 볼 수도 있습니다. 사회를 개인들의 합 이상의 거대한 존재로 본 것이죠.

그러나 점점 계층, 성별, 인종, 종족, 지역, 종교, 언어, 문화, 세대 등 훨씬 더 다양한 기준에 따라 집단이 분류되면서 개개인이 사회를 변화시킬 수 있는 힘을 가져야 한다는 주장이 힘을 얻고 있습니다. 또한 '정말 그럴까, 의문을 던질 줄 아는', '말하기 전에 생각할 수 있는' 개인이 늘어날수록 사회는 바람직한 방향으로 변할 수 있다고 생각합니다. 그래서 사회 구성원 개개인의 다양한 삶을 배우는 게 중요합니다. 물론 나를 들여다볼 여유도 없는 바쁜 세상에서 다른 사람의 사정과 상황을 배우기는 쉽지 않습니다. 하지만 낯선 이에 대해 배우고, 낯선 주제를 공부할수록 '나'의 경계와 영역은 넓어집니다. 결국 '너'는 내 행복을 위해 배제해야 하는 타자가 아닌, 함께 행복할 '우리'가 되어갑니다. 내 불행의 원인을 너에게서 찾는 것이 아니라, 나와 네가 함께 불행의 원인을 해결하기 위해 힘을 합치게 됩니다.

낯설고 불편해도

과거와는 달리 더 다양한 시선, 경험, 가치, 취향을 지닌 이들이 크게 늘어나고 있지만, 낯선 세상과 집단에 대해 강제로 배우게 할 수는 없습니다. 학습자의 흥미, 의욕, 능력, 이해 등을 고려하지 않은 채 일방적으로 주입시키는 교육은 참 괴롭고 오히려 반감만 사게 됩니다. 그러니 비장애인이 장애인에 대해, 남성이 여성의 경험에 대해, 청년이 노년의 삶에 대해, 한국 부모에게서 태어난 청소년이 외국 부모에게서 태어난 불법 체류자 청소년에 대해 의무적으로 배우기란 어렵습니다. 게다가 낯선 세계와 집단에 대해 배운다는 건 대체로 유쾌한 일이 아닙니다. 알아갈수록 내가 모르고 있던 세계가 얼마나 많았는지 직면하기 때문이죠.

그러나 적어도 배울 수 있는 기회를 선택할 자유는 필요합니다. 새로운 세상에 대해 알 수 있도록, 의견을 가질 수 있도록 교육의 기회가 주어져야 합니다. 함께하는 집단에 대해 배울 수 있는 기회를 달라고 양육자, 학교와 교육 기관, 사회에 요구해야 합니다. 그럴 때 낯설지만 분명 존재하는 다른 사회 구성원들에 대해 조금씩 더 알아갈 수 있습니다.

내 세계의
균열과 확장

사회는 한순간에 변하지 않습니다. 개인 간 단결과 연대가 있을 때 강력한 힘이 생기고, 그로 인해 변화가 발생합니다. 사회 변화를 위해 노력하는 소수가 있다고 해도 다수가 배우지 않고 정보를 알지 못하면 개인 간, 집단 간 거리는 점점 벌어집니다. 힘이 센 이들이 힘이 약한 이들을 소외시키는 것도 쉬워집니다. 자신이 목소리를 내면 다른 목소리를 가진 사람과 마찰이 생기니 그게 피곤하고 두려워서 많은 이들은 논란 많은 주제를 피합니다.

내가 아는 게 다가 아니었다는 걸 발견한다는 건, 내 세상이 균열되어 다른 세상을 향해 가기 시작했다는 것을 의미합니다. 여기서 말하는 균열은 혼란과 파괴가 아니라, 새로운 세상에 눈 뜰 수 있는 확장입니다. 낯선 세상을 만났을 때 느끼는 불편한 감정은 내 경계 안에 있던 익숙한 지식과 감정을 깨닫게 해줍니다. 이렇게 새로운 세상을 만나는 것은 내 경계를 발견하게 해주기에 나를 건강하게 해주는 기회가 됩니다. 내 경계 안의 이미 알고 있던 지식과 익숙했던 감정, 혹은 낯설고 불편했던 마음을 인식하고, 상대방의 경계 안에 있는 새로운 상황과 경험을 배운다면, 너와 나는 서로를 환대하고 연대할 수 있는 더 큰 '우리'가 됩니다.

문풍지 우는 겨울밤이면

윗목 물그릇에 살얼음이 어는데

할머니는 이불 속에서

어린 나를 품어 안고

몇 번이고 혼잣말로 중얼거리시네

오늘 밤 장터의 거지들은 괜찮을랑가

소금창고 옆 문둥이는 얼어 죽지 않을랑가

뒷산에 노루 토끼들은 굶어 죽지 않을랑가

아 나는 지상에서 가장 아름다운
시낭송을 들으며 잠이 들곤 했었네

찬바람아 잠들어라
해야 해야 어서 떠라

한겨울 얇은 이불에도 추운 줄 모르고
왠지 슬픈 노래 속에 눈물을 훔치다가
눈산의 새끼노루처럼 잠이 들곤 했었네
  -박노해, 〈그 겨울의 시〉▶

시인의 어린 시절은 지금보다 훨씬 추웠던 것 같습니다. 방에 있어도 그릇에 살얼음이 어는 추위지만 어린 손자에겐 할머니가 있습니다. 꼭 끌어안고 주무시는 따뜻한 품이기에 어린 손자의 오늘 밤은 평화롭습니다. 할머니는 이렇게 문풍지 틈새로 찬바람 드는 방마저도 없는 거지들이, **문둥이**가, 산의 짐승들이 이 밤을 어떻게 날지 걱정하십니다. 할머니의 따뜻한 체온을 느끼며 어린 손자는 다른 이들의 마음과 처지를 헤아리는 할머니의 걱정이 '지상에서 가장 아름다

✦ **문둥이** 조직을 변형시키는 만성 전염성 질환인 나병을 앓고 있는 사람

운 시'라고 합니다.

따로 인권 교육을 받지 않아도, 차별과 혐오에 대해 배우지 않아도 인간은 다른 이들의 마음과 상황을 헤아릴 줄 아는 마음을 갖고 있습니다. 나와는 전혀 다른 세상을 사는 이들을 만날 일이 점점 줄어들고 나와 비슷한 생각과 경험을 하는 사람들에게 익숙해져서 그 마음을 잊은 것뿐이지요.

다시 원래 자연스러운 우리 본연의 모습으로 돌아간다면 우리가 살아가는 세상은 얼마나 달라질까요? 우리는 얼마나 온기를 누리며 안전하게 살아갈 수 있게 될까요?

우리 함께 모두
잘 산다는 것

'각자도생各自圖生'은 각자가 스스로 제 살길을 찾는다는 의미의 사자성어입니다. 조선 시대 임진왜란, 정묘호란 같은 큰 전란이나 어마어마한 흉년이 닥쳤을 때 이 말이 등장했습니다. 백성들이 스스로 알아서 살아남아야 한다는 절박함이 담긴 말입니다. 오늘날 아무리 어려운 상황이 되어도 남은 남일 뿐, 내가 관여하거나 도울 필요가 없다는 의미로 흔히 사용됩니다.

'내 코가 석 자'라는 속담은 경황이 없고 어려운 상황을 의미합니다. 한 자尺는 30cm이고, 조선 시대 성인 남성 평균 신장이 약 162cm, 성인 여성 평균 신장이 약 149cm였다고 하니, 코가 무릎 정도까지 흘러내렸는데도 모를 정도로 내 사정이 더 급해

남의 사정은 돌아볼 겨를이 없다는 의미입니다.

코로나19는 내가 아무리 조심한다고 해도 어디서 어떻게 걸릴지 알 수 없는 전염성이 강한 병입니다. 그러니 내 안전은 내가 챙기지 않으면 안 되겠다, 결국 내 문제는 내가 해결해야 한다는 생각이 사회적으로 퍼져나갔습니다. 나와 너의 경계가 더욱 단단해졌고, 우리와 너희 사이는 점점 멀어졌습니다.

우리가 사는 자본주의 사회는 성장주의를 기본으로 하고 있습니다. 개인의 욕망을 부추기고, 더 많은 돈과 권력을 가지기 위해 경쟁하죠. 생존을 위해 내 힘을 더 기르는 데 도움이 된다면 사람이든 무엇이든 도구로 사용하는 것이 지혜 같습니다. 그러니 내 코가 석 자, 각자도생의 시대에서 서로 피해만 안 주고 살면 되지 상대방의 안녕까지 같이 고민한다는 건 불필요한 낭비같이 느껴집니다. 나도 나를 보호하려다 보니 혐오하게 된 것뿐이라는 억울한 마음이 들만도 합니다. 인간은 원래 이기적인 동물이라는 항변도 있지요.

너를 밟아야
내가 산다?

가수 아이유가 2019년에 발표한 〈Love Poem〉 앨범의 소개글

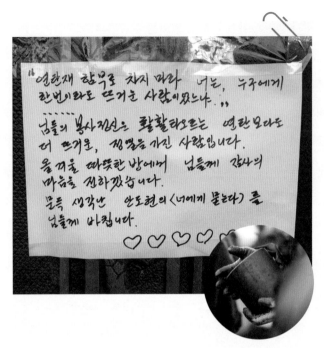

해마다 자원봉사자들이 온정을 담아 '사랑의 연탄 나눔' 운동을 벌이고 있다.

에는 '인간의 이타성마저도 이기적인 토대 위에 있다'는 말이 나옵니다. 상대에게 건네는 응원과 위로가 온전히 상대를 위한 배려가 아닌 상대의 평온한 일상을 보고 싶은 자신의 간절한 바람도 담겨 있음을 말합니다.

사회는 성장을 위해 효율성과 경쟁을 강조해 왔고, 다른 사람을 이기는 게 성공이라고 말해 왔습니다. 하지만 내가 아무리 행복해도 다른 사람이 행복하지 않다면 내 행복에는 한계가 생깁니다. 아무리 명백한 이유가 있다고 하더라도 다른 사람을 배제하거나 고통받는 이들을 무심히 스쳐지날 때 사람은 스스로 상처를 받습니다. 내게 보상이 돌아오지 않더라도 상대가 고통스러워하는 모습을 보기가 힘들기에 거저 타인을 돕습니다.

제2차 세계대전 당시 자신이 죽을 수도 있는 상황에서도 군인들이 적에게 총구를 겨누는 것을 망설였다는 분석이 있습니다. 이후 적군을 망설임 없이 죽일 수 있는 심리적, 물리적 훈련을 거친 결과, 베트남 전쟁에서 미국 군인들은 더 많은 적군을 죽일 수 있었습니다. 그러나 **외상 후 스트레스 장애**를 겪는 군인의 수가 훨씬 많아졌습니다.▶ 타인을 해치는 것에 대한 죄책감과 공포심, 거부감은 인간의 인지 능력, 감각, 행동을 망가뜨릴 수 있습니다.

✦ **외상 후 스트레스 장애** 교통사고, 화재, 전쟁 등 마음에 큰 충격을 주는 일을 겪은 후에 나타나는 불안 장애

마음의 짐을 덜기 위해서든, 다른 사람의 행복을 위해서든 혐오의 대상이 된 사람들을 돕고 공감하고 위로할 때 행복합니다. 남의 상황을 배우고 공감하며, 내가 아닌 그 사람이 되어보는 과정에서 행복을 느낍니다. 인간의 본성은 혐오보다 다정함에 좀 더 가깝다고나 할까요?

그러니 내 행복에 타인의 희생이 필요한 것은 아닙니다. 자

신의 경계를 발견하고 알아가는 사람은 자기 경계만큼이나 타인의 경계도 소중하다는 것을 알게 됩니다. 타인을 짓밟는다고 해서 내 경계가 안전해지는 것이 아님을 알게 되지요. 나와 너의 경계를 소중히 여길 줄 아는 사람, 나와 각각의 경계 안에 있는 세상을 배우고 존중하는 사람은 우리 모두의 경계를 지키기 위해 노력합니다. 나와 우리만이 아닌, 나와는 너무 다른 너에 대해 배우고 인정하면서 더 넓은 '우리'가 되어가는 겁니다.

나에게는 꿈이 있습니다.
나의 아이들이 그들의 피부색에 의해 판단되지 않고
그들의 인격에 의해 판단될 날이 올 것이라는 꿈이 있습니다.
나에게는 꿈이 있습니다.
흑인 아이들과 백인 아이들이 손잡고 형제자매처럼 지낼 것이라는 꿈이 있습니다.

흑인의 인권을 위해 싸웠던 마틴 루터 킹은 이렇게 연설했습니다. 당시 흑인들은 피부색이라는 기준에 의해 의사 표현은커녕 신체의 자유와 생명도 빼앗기고 있었습니다. 이런 시대에 마틴 루터 킹은 흑인이 백인보다 우월하다고 주장하지도 않았고,

흑인이 어떤 고통을 당하고 있는지 울분을 토하지도 않았습니다. '우리'의 범주를 흑인으로 좁히지 않고 흑인과 백인 모두로 확장한 연설이었기에 차별하고 차별받는 것을 원치 않는 인간 본연의 양심을 두드렸습니다.

여성 혐오에 맞서기 위해 남성을 비난하면, 남성은 더 큰 위협감과 분노를 느끼며 여성을 향해 더 큰 비난과 혐오를 퍼붓습니다. 여성 혐오에 맞서기 위한 가장 건강한 전략은 성이라는 기준에 의해 어느 누구도 차별받지 않는 사회를 추구하는 것입니다. 어린이 혐오가 담겨 있는 노키즈존이 허용된다는 것은 노중년존, 노시니어존 등 혐오당하는 다양한 집단이 생겨나는 것을 허용한다는 의미입니다. '우리'가 될 수 없는 수많은 '그들'을 만들어내게 되니까요. '우리'의 경계가 넓어지면 더 많은 사람들이 자유로워집니다.

혐오에 저항하기

"옆에서 혐오 표현을 하고 있을 때, 혐오하는 사람을 볼 때 그
자리에서 내가 어떻게 하면 좋을지 모르겠어요. 분위기 자체가 별것
아닌 것처럼 흘러가고, 심지어 당하는 사람도 그냥 웃어버리니 내가
나서서 '그러지 마!'라고 말하는 건 좀 웃긴 것 같아요."

다수 집단이 보기에 불편한 모습, 다수와는 다른 선택, 다수가 동의하는
가치에 반대하는 행동은 다수 집단의 안정감을 빼앗고 불편하게 만듭니다.
그렇게 소수자가 다수 집단을 불편하게 하거나, 이익을 빼앗거나, 해를
끼친다고 느낄 때 혐오라는 감정으로 표현됩니다. 우리는 언제나 어떤
부분에서는 다수지만, 동시에 어떤 부분에서는 소수입니다. 그리고 혐오의
기준은 통통볼처럼 언제 어디로 튈지 알 수 없습니다.

그러니 혐오에 저항하는 효과적인 방식은 혐오했을 때 얻는 게
생기기는커녕 잃는 게 생긴다는 걸 보여주는 겁니다. 혐오 표현을 다
함께 소외시키는 것, 즉 혐오하는 사람을 후진 소리를 한다며 뒤떨어진
사람으로 취급하는 겁니다. 재미로 혐오하는 말에 대놓고 반박하기

어렵다면 웃어주지 않는 건 어떨까요? 그리스 철학자 솔론은 말합니다.

"피해를 입지 않은 자가 피해를 입은 자와 똑같이 분노할 때 정의가
실현된다."

출처

- 13쪽, 김영혜, 경기도 외국인 주민의 현황과 정책 방향, 경기도가족여성연구원 이슈 분석 152호, 2019년

- 14쪽, 김아사, 조회 수가 곧 돈이라서… 혐오를 팝니다, 〈조선일보〉, 2019년

- 17쪽, Paul Brand and Philip Yancey, 《Fearfully and Wonderfully Made: A Surgeon Looks at the Human and Spiritual Body》, 1980년

- 54쪽, 박노해, 《너의 하늘을 보아》, 느린걸음, 2022년

- 62쪽, 교육의 미래 2부작, 생각의 힘을 어떻게 키울 것인가, KBS1 〈명견만리〉

- 63쪽, 송옥진, 이름 대신 "야, ○○상고!"… 고졸사원, 10년 근무해도 대졸 신입 연봉 못 받아, 〈한국일보〉, 2019년

- 66쪽, tvN드라마 〈우리들의 블루스〉, 15회, 노희경 외 극본, 지티스트 제작

- 69쪽, 성혜미, 소아당뇨 학생 5명 중 1명 "화장실·기타 장소에서 인슐린 주사", 〈연합뉴스〉, 2017년

- 76쪽, 장한서, "장애 생기니 온통 장애물"… 휠체어에 갇힌 청년의 하루, 〈세계일보〉 심층기획, 2022년

- 78쪽, 송진식, '키오스크'라는 차별과 배제, 당신은 괜찮나요, 〈경향신문〉, 2023년

- 92쪽, 조형국, '27년 꼴찌' 성별임금격차-여성이 평생 못 넘는 벽 '28~30세 남성', 〈경향신문〉, 2023년

- 93쪽, 김창환·오병돈, 경력단절 이전 20대 여성은 차별받지 않는가?, 한국사회학 논문, 2019년

- 96쪽, 치마만다 응고지 아디치에, 《우리는 모두 페미니스트가 되어야 합니다》, 창비, 2016년

- 97쪽, 하퍼 리, 《앵무새 죽이기》, 열린책들, 2015년

- 102쪽, 이보라, 키오스크 앞에서 서성이는 노인들-메뉴 글자, 휴대전화 밝기 등 일상의 차별 행위를 시정할 수 있는 차별금지법, 〈한겨레 21〉 1397호, 2022년

- 113쪽, 박동원, 대한민국은 단일 민족인가?, 〈프레시안〉, 2009년

- 122쪽, 박영범, 한국은 외국인 근로자 없이 버틸 수 없는 나라가 됐다, 〈중앙일보〉, 2021년

- 124쪽, 이훈성, 외국인 유학생 9만 명 시대… 방황하는 코리아드림, 〈한국일보〉,

2016년

▸ 125쪽, "건보료 똑같이 내는데 '무임승차'라니" 뿔난 재외국민들, 〈아시아경제〉, 2022년

▸ 125쪽, 3000명 복무 중, 다문화 2세 입대 본격화되는데… 기초 조사도 없다, 〈국민일보〉, 2019년

▸ 127쪽, 이상서, 중국인 표가 선거 좌지우지?… 진실은, 〈연합뉴스〉, 2022년

▸ 129쪽, 최민지, 외국인 많아지면 범죄 늘어난다? 실제 통계 보니, 〈머니투데이〉, 2018년

▸ 146쪽, 김종우, 한국의 포괄적 차별금지법을 둘러싼 담론 지형과 이중화된 인권-포괄적 차별금지법 입법 과정을 중심으로, 〈경제와 사회〉, 2021년

▸ 152쪽, 박노해,《그러니 그대 사라지지 말아라》, 느린걸음, 2010년

▸ 157쪽, 데이브 그로스먼,《살인의 심리학》, 열린책들, 2011년

사진

12쪽, 대현동 이슬람 사원 건축 허가 반대 시위, 〈연합뉴스〉

15쪽, 아드리안 브라우어Adriaen Brouwer, 〈The Bitter Potion〉, 슈타델박물관

21쪽, 이태원 참사 진상 규명 기자 회견, 〈연합뉴스〉

82쪽, 고속버스 휠체어 탑승 현장 검증, 〈연합뉴스〉

103쪽, 디지털 약자 어르신 키오스크 교육, 〈연합뉴스〉

117쪽, 마크 테토, 조나단과 파트리샤, 〈연합뉴스〉

123쪽, 이주 노동자 기숙사 대책 마련 촉구 기자 회견, 〈연합뉴스〉

144쪽, 예멘인 반대 집회, 불법체류자 추방 집회, 〈연합뉴스〉

156쪽, 사랑의 연탄 나눔, (사)따뜻한 한반도 사랑의 연탄 나눔 운동

표

24쪽, 부모의 소득 수준이 자녀의 학력 수준에 미치는 영향, 한국직업능력연구원, 2022년

60쪽, 성공하기 위해 뒷받침되어야 할 조건, 취업플랫폼 잡코리아·알바몬, 2021년

92쪽, 김경필, 한국 남녀 임금격차 31.5%… 30년간 OECD 국가들 중 1위, 〈조선일보〉, 2022년

참고 자료

도서
장한업,《차별의 언어》, 아날로그, 2018년
데이브 그로스넌,《살인의 심리학》, 플래닛, 2011년
김종갑,《혐오-감정의 정치학》, 은행나무, 2017년

논문 및 보고서
국회입법조사처, 외국인 건강보험제도 현황과 가입자의 수용성 제고를 위한 개선방
향, 2022년
한국형사정책연구원, 한국의 범죄현상과 형사정책(2017), 2018년

기사·칼럼 및 방송
조남준, 10월 22일 조남준의 발그림,〈한겨레〉, 2015년
박승혁·김지연·김형규, 2016 교육 기본 통계,〈조선일보〉, 2016년
임혜원, 팩트체크-외국인 참정권 보장은 불공정 사실일까,〈이코리아〉, 2022년
유대근·최훈진·이주원·이근아, 내 편 아니면 모두 틀렸어… 기울어진 공감·자기확
신, 혐오가 된다-정중하고, 세련된 혐오사회,〈서울신문〉, 2022년